人は必ず失敗します。
失敗をしたことがない人は
この世にいません。

あなたは、失敗した後にどんな気持ちになりますか？

「あー、やっちゃったな」
「やばいなあ、もうダメかも」
「恥ずかしい、早く忘れたい」

こんなふうに思う方が多いのではないでしょうか。失敗にはネガティブなイメージがつきまとうので、気持ちはわかります。

でも一方で、世の中で成功を収めた人、夢をかなえた人の多くがこんな言葉を残しています。

「失敗があったから、今の自分がある」

以前、スキーのインストラクターにこんな話を聞いたことがあります。

「スキーが早く上達するのはよく転ぶ人。転びたくない、失敗したくないという思いが強い人は、なかなかうまくならない」

上手くいく人は、失敗に対して、まったく違う捉え方をしているのです。

「そうはいっても、失敗して恥をかきたくない」

「そもそも、失敗しないやり方を選ぶことのほうが大事じゃないの？」

そう思う方もいるかもしれません。果たしてどちらが正しいのでしょうか？

その人の生き方の問題なので、何が正解ということは言えないでしょう。

あるのは、「選択」です。

失敗を避ける生き方を選んだら、その人の人生はどうなるでしょうか。傷つかずにカッコよくハッピーな人生でしょうか。私はそうは思いません。

失敗しない人生とは、つまり挑戦しない人生です。その先の成功につながる可能性が低くなり、成長のスピードが遅くなるということだと思います。

ここで、一つ質問をさせてください。

あなたは、ある目的地に向かっています。そこに行くには、各駅停車だと丸一日かかります。新幹線なら3時間以内に着きます。

もし、お金のことを気にしなくていいならば、あなたなら、どちらを選びますか？

なかには「車窓の風景を楽しみたいからのんびり行きたい」という方もいるかもしれませんが、ほとんどの方は、新幹線を使うのではないでしょうか。

目的地に少しでも早く着きたいのであれば、なおさらでしょう。

もし、あなたが、
■達成したい目標がある
■かなえたい夢がある
■仕事で成功したいと思っている
こうしたマインドをお持ちであれば、この本は必ずお役に立てると思います。

誰だって人生は一度きりです。

限られた持ち時間のなかで、少しでも早く目標や夢に到達したいのであれば**「人生の新幹線チケット」**をゲットする必要があります。

失敗を恐れ、失敗から学ばず、無難なやり方でしか進めない人は、いわば各駅停車で目的地に向かうようなものです。

この本には「人生の新幹線チケット」を得る方法が書かれています。

それは具体的には何か？　ポイントは先ほどもお話しした「**失敗体験**」、そして**どうすれば失敗をポジティブに変える生き方ができるのか**、ということです。

私が尊敬するユニクロ創業者の柳井正さんは『一勝九敗』（新潮文庫）という著書を出されています。同書の中で柳井さんは、失敗から学ぶことの重要性を説いています。

1つ勝つためには、9つの失敗から学ぶ必要がある、ということです。

世界的経営者であるイーロン・マスクさんも失敗を糧《かて》にしてきた一人です。

「ロケットの世界では、全部で1000通りの方法があっても、その中でうまくいく方法は1つ」とおっしゃっています。つまり**成功のためには999回の失敗は不可避**という意味です。


「じゃあ、とにかく失敗をたくさんすればいいのですか」

と問われれば、それも少し違います。

何も考えずに、ただやってみて失敗しただけでは、学びにつながりません。次も同じ失敗をするかもしれません。

失敗から何かを学ぶには「**正しい失敗**」をする必要があると思っています。

詳しいことは本文をお読みいただきたいのですが、**大事なのはチャレンジする際の準備と心がけ**です。ポイントをかいつまんで少しだけお話しするなら、

■高い目標を掲げる

■ できるだけ早く失敗する
■ 時間の使い方を考える
■ 自分の過去を「見える化」する
■「なぜ」を5回以上繰り返す

といったことを意識する必要があります。

自分の目標を定めて、目的に向かって準備をして、仮説を立てて、それでも失敗したのであれば「**何が足りなかったのか**」がすぐにわかります。

それは、「とりあえずやってみて失敗した」という失敗とは質が異なります。正しく失敗すれば、他の人よりも早く、多くの学びをゲットできます。そのサイクルを繰り返していけば、目標達成までの加速度がぐんぐんアップします。

それこそが、「人生の新幹線チケット」です。

だからこそ、本書のタイトルは『**失敗したらガッツポーズ**』としました。

私自身、これまで数多くの失敗をしてきました。

学生時代の部活での挫折から、若気の至りのような失敗もあれば、事業を起こしてからの失敗もあります。

昔は、そのたびに落ち込んでいましたが、最近はこう思うようになりました。

「ラッキー」

「これで経験値100ポイントゲットだな」

「これでまた目標達成に近づいた」

まさに、「失敗したらガッツポーズ」です。

モノはお金で買えるけれど、経験はお金では買えません。失敗の価値はプライスレスなのです。

人間誰しも、すぐには成功しません。はた目には天才に映るような人だって、何度となく失敗を繰り返しています。大リーグで大活躍している大谷翔平選手だって、そうです。

大谷選手が2023年に出演した『セールスフォース』のCMが印象的でした。大谷選手はプロになってからバッターとして928回も三振をして、ピッチャーとして647本のヒットを打たれたそうです。

けれど、そのたびに少しずつ修正を加えて失敗を糧にしてきたから、前人未到の50－50（50本塁打、50盗塁）という記録を残し、MVPに選ばれたのだと思います。

なんだか、偉そうなことを言うように思われたかもしれません。私は、柳井正さんやイーロン・マスクさんのような世界的な経営者でもないし、天才大リーガーでもありません。荒木電通という、電気設備の設計・施工を主な業務としている会社の経営者です。別に、誰もが知っている偉業を成し遂げたわけではありません。

それでも、20代半ばで起業し、およそ10年。特別な学歴やお金、人脈など何もない状態から、たった一人で事業をスタートしました。手探りで進めながらも業績を着実に拡大させて、今ではグループ全体で約3億円の売上を達成し、次は4億円をめざして事業に取り組んでいます。このように成長を続けてきたことに自負があります。

それは、人生の中で数限りなくやらかしてきた失敗をプラスに転化させてきたからだと思っています。どうすれば、失敗を学びに変える考え方を身に付けられるのか。

それを、みなさんに知っていただきたく筆を執りました。私は天才ではないからこそ、**私のやり方であれば誰でも真似できますし、誰でも結果を残せます。**

本書では「失敗からの学び」を軸に、「感謝」「情熱」「チャレンジ」など、人生で成功するために必要な考え方を28の法則にまとめました。

これから何かやろうとしているけれど、怖くて一歩を踏み出せない。

やっていることが失敗だらけで前に進むのが怖くなっている。

もしも、そんな方がいたら、この本を読んでいただければ前に進むヒントと、ちょっとした勇気をもらえるんじゃないかと思います。

老いも若きも関係ありません。

夢や目標に向かって、前へ進もうとするすべての人のお役に立てれば幸いです。

荒木俊

第1章
失敗×目標＝負けない力
――失敗は未来への投資になる

第2章

感謝×恩返し＝限界突破

——感謝こそ成功への近道

第3章

学び×実践＝究極の現場力
――行動する人がすべてを手に入れる

第4章

本音×情熱＝心が動く共鳴力
──人を大切にするマネジメント

第5章

チャレンジ×チェンジ＝未来創造
——停滞を突き破るために必要なこと

第1章

失敗×目標＝負けない力

――失敗は未来への投資になる

「失敗ウェルカム」の法則

人は、**たくさんの失敗や挫折を経験**します。

あなたが新しいことを始めたり、人生を変えたりしようとするなら、なおさらです。

では、それらを乗り越えるためには、どうすればいいのでしょうか。

私は、**常に目標を持つ**ことをおススメします。

「なんだ、そんなことか……」と、当たり前の話に落胆されるかもしれません。

でも、これはかつて私が、目標を失って堕落したときと、目標を取り戻してからの成長、その両方を実際に経験して得た成功法則の1つです。

たとえば、ふいに人生の目標について質問されて、あなたは、

「何年かかってもこれをやり遂げる！」

「自分はこんな人間になりたい」

といった、具体的な目標を即答できるでしょうか。

小さな目標ならあるかもしれません。

たとえば、「海外旅行に行く」とか「資格試験に受かる」など。

けれど、それよりももう一回り大きい、**5年でも10年でもかかってやり遂げたい目標**はありますか。

正直、即答できる人は少ないと思います。


つまり、目標を立てることなど当たり前だとみんなわかっているのに、実際には目標を立てていない、また、立てていたとしてもぼんやりとした目標でしかないということです。

もし、あなたの口から曖昧《あいまい》な言葉しか出てこなかったら、私と一緒にそのことを考えてみませんか。

実は、ワンランク上の大きな目標を持つということが、失敗や挫折を乗り越える上で、とても大事なことなのです。失敗することが怖くなくなりますし、成功する確率も上がります。

本気の目標が定まると、なぜ人は心が整うのか

「荒木さんは、いつも前向きで朗らかですよね。なぜ失敗しても心が折れないんですか？」

私の山あり谷ありの人生を見ている人たちから、よくこんなふうにほめられます。

実は自分ではあまり意識していないのですが、一言で言うと、

「**心が整っているから**」

だと思います。

こう書くとなんだか偉そうですよね（笑）。「お前は何者だ？　何歳《いくつ》だよ？」という声が聞こえてきそうです。

その通り、私は若輩者《じゃくはいもの》ですし、そう言えるようになったのはここ数年のことです。まだまだ修業中の身なのですが、要するに、「**心身がいつもリラックスしている**」ということなんです。

心がそういう状態にあるようにしているからこそ、辛いことがあってもそこから一筋の光（学びや成長のための要素）を見つけ出すことができます。

また、前に進むために、良い意味でショックを受け流すこともできます。

もし心に余裕がなく、失敗するたびに軽いパニックになっていたら、気持ちを切り替えて失敗を前向きに捉えることなどできないでしょう。

では、なぜ私がリラックスできているのかと言うと、これはもうハッキリしています。

本気の目標があるからです。

「**100年〜200年続く企業グループをつくり、次世代につなげる**」

「**人の心を照らす存在になる**」

「**会社だけではなく、スタッフみんなが大きく成長する**」

これが、常々私が心の中で意識している大きな目標です。

私は、みなさんにも大きな目標を持つことをおススメしたいのですが、中には「いやいや、こんな大きな目標すぐには思い浮かばないよ」という方もいるでしょう。

私は企業の経営者なので、どうしても自社の将来を見据えた大きな目標になりますが、そうでない方は、**自分なりの目標でいい**のです。

「子供を一人前の大人にする」でもいいですし、「起業をする」あるいは「今いる会社で責任あるポジションに就く」というのもありでしょう。

長い時間をかけてでも、**本当にやりたい**のであれば何でも大丈夫です。

失敗が「失敗」になる人、失敗が「学びの経験」になる人

なぜ、大きな目標があるとリラックスできるのか。

その理由の1つは、**未来を見る視座が高くなる**からです。

たとえば、遠くの景色を見ようとすると、必然的にイスの上に立つなり、屋根に上るなりしますよね。要するに高い場所から見ようとします。

同じように、人生や仕事において高い視座を得ると、目の前に何か障害があったとしても常に遠くの目標も見た上で行動しているので、心身が整っている。余裕があるのです。

私は何か失敗したとしても、その起きている現象に対しては特別にフォーカスしません。普通ならそこで挫折感を味わうのでしょうが、私はそれを**目標に辿り着くための「体験」**としか思わないのです。

だから、次のように考えます。

「これを乗り越えたとき、どういうことが待っているのかな?」
「最終的な目標を達成するために、この経験はどんな学びになるかな?」

より正確に言えば、普段から、数年先に自分が何かを達成している姿をイメージしているので、気持ちが落ち込むのは一瞬で済みます。失敗がただの失敗ではなくなり、**「トライ」や「学び」「経験」になる**のです。

大きな目標を持つことの大事さを教えてくれる逸話をご紹介します。

みなさんは、**『奇跡のリンゴ』**という話をご存じでしょうか。同名の本はベストセラーになり、映画化もされました。

青森のリンゴ農家・木村秋則さんが「絶対に無理だ」と人々に言われ続けた無農薬リンゴをつくり上げるまでの物語です。リンゴは元来、農薬を定期的に散布して、人間が手間をかけて管理して育てるものでした。

しかし、木村さんは、農薬が人体に与える悪影響を考慮すると農薬は使うべきではない、という信念を持っていました。とはいえ、実際に無農薬のリンゴづくりを始め、試行錯誤を繰り返してみても、そう簡単にうまくはいきません。

リンゴの実には虫が大量に湧き、木は弱ってしまい何年にもわたって収穫できない状況が続きます。一時期は、自殺を考えるほど追い詰められますが、やがてリンゴの根を支える土にこそ秘密があることに気づき、無農薬開始10年目にしてようやく、納得のいく無農薬リンゴがつくれるようになったのです。

木村さんは、「**無農薬のリンゴをつくる**」という高い視座を持ち、自身の最終的な目標をしっかりと持ち、失敗から学び続けたからこそ、成功できたと思うのです。

それに対して、特に目標がなく、視座が低いままの場合は、目の前にある壁――後で振り返ってみると案外低い壁――が絶望的な高さに思えてしまいます。

また、「何をめざすのか？　そのためには何がどのくらい足りないのか？　何をどのようにすればいいのか？」という判断の基準がないために、効率の悪い努力しかできません。これでは、挫折しやすくなって当然です。

視座を高くするのは簡単。大きな目標を持てばいい

ところで、私が「視座を高くする」と話すと、多くの人は、「そんな簡単に視座を

高くできるものですか？」という反応をされます。

「視座を高くするには、本人の成長が前提になるのでは？」というのです。

この指摘は、その通りでしょう。

でも、視座の高さを決めるのは、それだけではありません。私は会社を経営する中で、

【視座の高さ ＝ 目標の高さ＋自分の成長度合い】

であると気づきました。

シンプルに高い目標（本気で実現したいビジョン）を持つだけでも、自分の視座は高くなるのです。

だからといって自分の実力が上がるわけでも、楽に課題を解決できるわけでもないのですが、遠い先を見ようとしているので、視野が狭くなるのを防げます。失敗やトラブルは、今の自分にとって起こるべくして起きたことで、この失敗を次に活かすことが必要なことだと気づけます。

私は小さいとはいえ会社経営をしているので、失敗やトラブルなどは、うんざりするほど経験してきました。たとえば、スケジュールの遅れ、社内外の連絡ミス、機械

視座を高くしていると、その先に目標が見えているので失敗やトラブルを「学び」と捉えられる

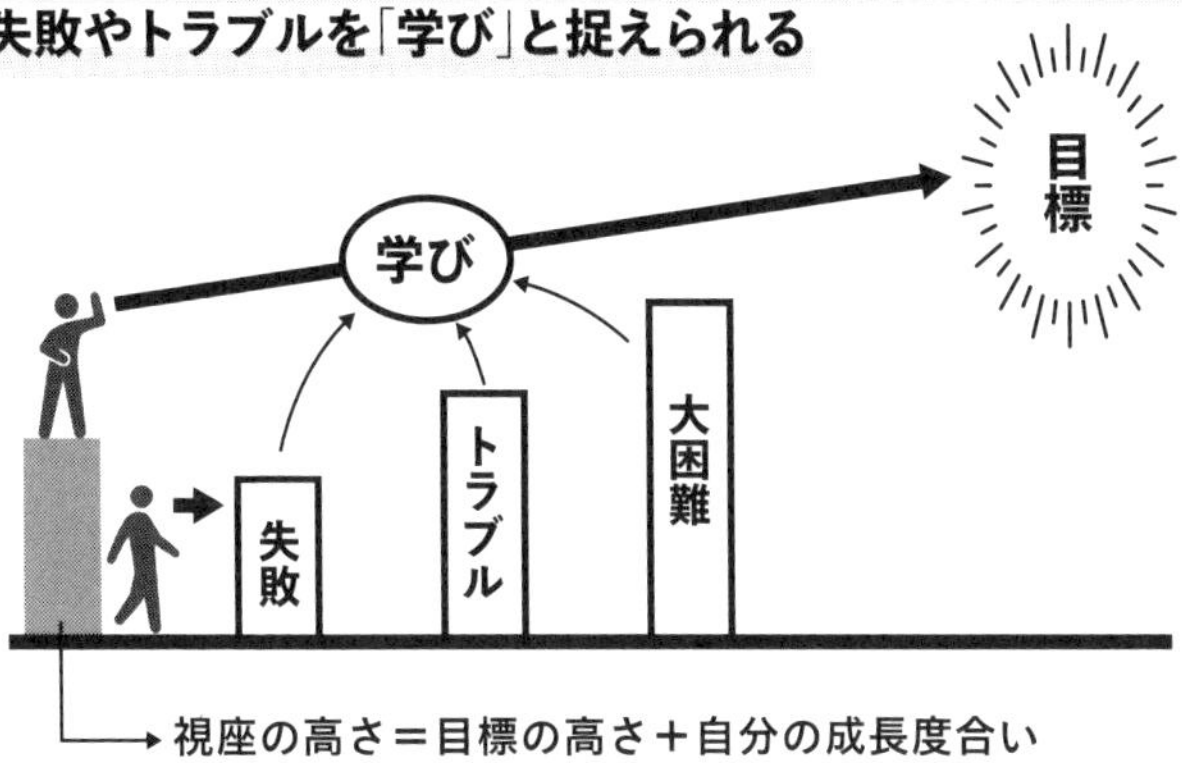

の故障、クレーム、取引先からの理不尽な要求、スタッフ同士のけんか……などなど。

大きな失敗もありました。

スタッフの大量退職を短期間に繰り返したり、スタッフがヒューマンエラーを起こしてしまったこともあります。大きな事故だったので、数ヵ月間受注がほぼゼロの状況が続きました。そのときには、事の重大さに、**会社が存続できないことも覚悟**しました。

しかし、私には「会社だけではなく、スタッフみんなが大きく成長する」「100年〜200年続く企業グループをつくり、次世代につなげる」という大きな目標があります。

思えば、会社が小さくスタッフの経験値が低いうちは、ミスは必ず起きます。ミスを起こしたスタッフ個人を責めても何の解決にもならず、スタッフも会社も成長しません。起こしてしまったミスを真摯《しんし》に反省し、各方面に謝罪した上で、それらの失敗を会社全員の成長のための必要な経験として捉えることができたのです。

その後、荒木電通は同様のエラーを起こすことはなくなりました。他にもいろいろありましたが、少しずつ成長軌道に乗っていったのです。

だから私にとっては、**目標こそが、自分の人生を守ってくれるもの**でした。いわば、効果の確認できる「お守り」のようなものです。

ドーパミンの性質を利用してモチベーションを上げる

ちなみに、目標がある人のほうが挫折しにくいというのは、単なる精神論ではありません。目標を掲げると、**脳内にドーパミンが分泌**され、モチベーションが高まります。

ドーパミンとは、脳が喜びや満足を感じたときに分泌される神経伝達物質のこと。これを目標と絡めてうまく利用すると、努力し続けることができます。

また、ドーパミンに関するまったく新しい研究結果として、京都大学と生理学研究所（大学共同利用機関法人　自然科学研究機構）では、こんな内容のプレスリリースを出しています。同大学院の小川正晃特任准教授らによる研究です。

従来ドーパミンの放出量は、思ったよりもうまくいくと増える一方、期待が外れると減ると考えられていました。しかしこの役割では、期待外れを乗り越える能力は説明できませんでした。その能力を担う脳の仕組みとして、期待外れが生じた直後にドーパミンの放出を増やしてそれを乗り越える行動を支えるドーパミン神経細胞を、ラットで発見しました。

（プレスリリースを要約して提出）

つまり、私の理解ではこういうことです。

ドーパミンは自分の予想以上に成功したときにたくさん分泌されて、脳に快く感じさせることは知られていました。しかし、それだけでは餌を採る行動や異性への求愛行動などのように、たいていはうまくいかないことでも頑張り続ける理由が説明できません。なかなか成功しないことでもやる気になれなければ、その個体や種は滅んでしまいます。

しかし、ドーパミンには成功したときに快く感じさせるだけではなく、失敗したときにもその**失敗を乗り越えようとサポートする役割**があったというわけです。

人間の場合、そこで大事なのは明確な目標があることでしょう。**目標があるからこそ、達成したらより嬉しい**（より多くのドーパミンが出る）のだし、逆に目標がなければ、悔しさも期待外れもそれほど感じることはありません。

私の場合、それが腑に落ちるのは、子供時代の経験です。

目標を持ってサッカーに打ち込んでいるときには、とても良い結果が出ていました。

具体的には、「高校へのサッカー特待生入学を勝ち取る」といった目標があり、「どうすれば強くなれる？」と常に考えていたので、技術もどんどん上達していきました。

試合に負けても、モチベーションが落ちることはありませんでした。

大事な試合で負けたときも、チームメイトは泣いていましたが、**私は泣きませんでした。**

なぜなら、「なぜ勝てなかったんだろう？」と負けた原因を反省しつつ、その直後には次の目標——全国高校サッカー選手権に出場することを考えていたからです。

一方、勉強のこととなるとまったくダメな生徒でした。目標もなく努力もしなかったから当然なのですが、もしあの頃、サッカーと同じ思いと方法で努力していたら……？　今さらこんなことを言っても仕方ありませんが、テストの結果は多少違うものになったような気がします。

今、経営者となり、必要なことを真剣に勉強する自分の姿と重ね合わせると、**本気の目標を持つことの大切さ**をしみじみ感じるのです。

「目標小分け」の法則

目標の話をすると、もう1つ言われることが多いのは、「荒木さんは意志が強くていいね、私は目標を立ててもいつも途中で挫折してしまうんです……」という相談です。

たしかに、私には「**一度決めたことはやらないと気が済まない**」という性質があると思います。子供の頃からその自覚はありました。

でも、やらないと気が済まないことと最後までやり切ることは違いますから、特別に私の意志が強いわけではないと思います。

もし、他の人から見てそう映るのなら、大きな目標の途中に小さな目標をいくつもつくり、その小さな目標において毎回「達成」するようにしているからでしょう。

先ほど、大きな目標が大事だというお話をしましたが、何年もかかる大きな目標だけでは、途中でモチベーションが下がってしまうこともあります。

こうしたことわざは、世界にたくさんありますよね。

「千里の道も一歩から」
「象を食べるなら一口ずつ」

私もこれらを見習って、荒木電通を法人化する2年前、まだ私を入れてスタッフが3人しかいない時代から、ロードマップ（中期計画や単年度計画）をつくってきました。

目標がブレないように、行動をサボらないように、気持ちが甘えないように、年ごと、四半期ごと、月ごと、週ごとなどと細かく分け、クリアしてきました。

そして、節目節目のタイミング（経営計画発表会）で、銀行の方やいろいろな関係者を会社にお呼びして、「うちの会社はいずれここ（目標）に行きたい。そのためにこういうことをしていきます」と説明し続けてきたのです。

こんなことまでする中小企業は、とても珍しいかもしれません。

もちろん、金融機関向けに作成しているという一面はありますが、途中経過も含め、どんな道のりで目標に達成できるか、ということを自分たちで理解しておくことが重要だからつくってきました。


小さな目標を達成できれば自信につながります。仮に失敗しても、それを「学び」と捉え直すことで、さらに自分たちが成長する糧《かて》にできるからです。


ところで、「信念を持って大きな目標を成し遂げる。そのために目標を小さく分割する」というテーマにおいて、勇気づけられる映画があります。

『ショーシャンクの空に』という映画史に残る傑作です。

無実の罪で投獄された主人公が、綿密な計画と毎日の少しの行動を数十年かけて積み上げ、刑務所仲間と信頼関係を築き、友人の人生も救いつつ、見事に脱獄に成功する——という話です。

「自分は無実である、自由になりたい」という大きな目標と、そのために日々何を行えばいいのかという**「小分け」の目標を持つことで、数十年という長い間、モチベーションを保つことができた**のだと思います。

あきらめそうになったり、挫《くじ》けそうになったりしたときにはモチベーションが上がる作品ですので、ぜひご覧になってみてください。

意志が強く見える人は、「日々の小目標」をクリアしているだけ

小さな目標といえば、その日一日の自分の行動も含みます。

たとえば、次のようなことです。

- □ **お客さまや仲間との約束を守ること。**
- □ **自分との約束（自分で決めたこと）を守ること。**
- □ **上司や部下とのコミュニケーションから逃げないこと。**

小さな目標の積み重ねが成功の最短ルート！

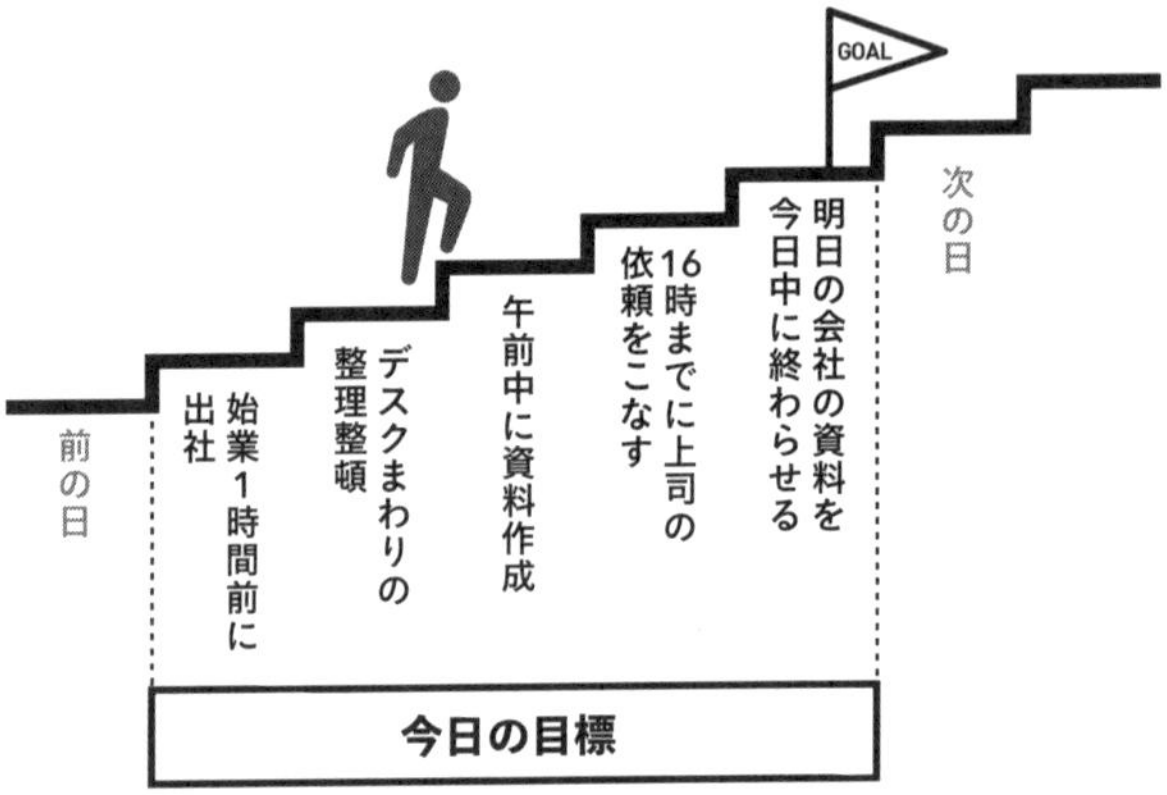

□ **見えないところでも手を抜かないこと。**

当たり前のことのようでも、このようなことをきちんとできている人は、意外と少ないものです。**小さな目標達成の積み重ねが、大きな目標への最短ルート**です。こうした小さな目標をクリアしたら、自分で自分をほめてあげてください。

こうした1つ1つの小さな目標をおろそかにせず、クリアし続けている人は、心の中では実は葛藤していることも多いのです。

しかし、周りの人はその人の内面まで

は見えないので、「あの人はとても意志の強い人だ」という評価になります。

私の知人の**ある社長さんは、毎朝5時30分には出社している**そうです。

その会社の定時は午前9時ですから、スタッフが出社してくるのは、早くても8時30分頃です。しかしその社長さんは、病気で入院したとき以外は、このルーティンを数十年にわたって守っています。

それぞれ会社の事情は異なるので、その行動が正しいとも、またみんなが真似すべきとも言えませんが、その社長さんが自分で決めたルールを守っていることは、無条件に素晴らしいと思います。

ただし、この社長さんの意志の強さ自体は、あなたや私たちとさほど変わらないと思います。人間だから、面倒くさいときも、疲れているときも、やる気の出ないときもあるでしょう。

それでいいんです。**まずは、たった1つのことから始めてみればいい**のです。先ほどの社長さんも、朝早く出社するという一つのことだけを守り続けることで、スタッフや周囲の人の信用を勝ち得ることができました。

もしかしたら、その社長さんも仕事以外のこと（たとえば、部屋の片づけとか、食事の塩分や酒を控えることなど）では、意外とダメダメな人かもしれません。

意志が強く見える人たちに共通するのは、ごくごく小さな目標を確実にクリアし、その行動を、やらないと落ち着かなくなるくらいの習慣にしてしまっていることなのです。

もしも、あなたが大きな目標に到達するまでの、小さな目標を設定しているにもかかわらず、うまくいかないと感じているのであれば、ひょっとするとまだ目標が小さくなり切れていないのかもしれません。

もっともっと目標を小さいく、身近なものにしてみてください。目標を達成する喜びを得られたら、次の小さな目標も達成したくなります。やがて勢いがつき、大きな目標も気がついたら乗り越えられているかもしれません。

「成功よりも失敗ファースト」の法則

英語圏には「Fail Early, Fail Often, but always Fail Forward」という言葉があるそうです。

「早く失敗しなさい、頻繁《ひんぱん》に失敗しなさい、でも常に立ち直りなさい」というような意味ですが、本当にその通りだと思います。

失敗や挫折を経験したときには、辛いし、悲しいし、悔しいものですが、後になって振り返ってみると、

「早めに（若いうちに）失敗しておいてよかったよ」

と思えることも多いので、人生というのは不思議です。

あなたがもし学生さんならば、仕事の先輩でも、ご家族でも、周りの大人たちに尋ねてみてください。みなさん、同じことをおっしゃると思います。アップルの創業者スティーブ・ジョブズも、スタンフォード大学の卒業式の祝辞でこんな趣旨の話をしています。

当時はわからなかったが、アップルを追放されたことは、私の人生で起こった最良の出来事だったと後にわかった。成功者としての重圧が、再び創始者となることの気軽さへと変わった。人生で最もクリエイティブな時期に自由になれた。

有名な動画なので、ご覧になったことのある方も多いでしょう。この言葉の背景を簡単に説明すると、ジョブズは30歳のときに、自分が連れてきた経営者（当時のペプシコーラ事業担当社長）と経営方針を巡って対立し、解任されてしまいます。自分がつくった会社から追い出されたのですから、そのショックは大変なものだったと思います。

しかし、アップルを去った彼は、前述の言葉通り創造性を発揮して、ピクサー・アニメーション・スタジオや、ネクストコンピュータを設立します。その行動力と業績も素晴らしいのですが、彼がすごいのはここからです。

11年後、ジョブズは業績不振に陥っていたアップルに対してネクストコンピュータを売却。古巣に復帰すると、「iPod」や「iPhone」などの革新的商品を立て続けに世に送り出し、同社を劇的に復活させたのでした。

こんな有名な人と私を比較するのはおこがましいかもしれませんが、私にもいろいろ思い当たる「しくじり」がたくさんあります。もちろん、その時点では本当に落ち込み、反省しました。

たとえば、数年前にスタッフが1年で5～6人も入れ替わったことがありました。スタッフが十数人の会社なので、かなり大きなダメージです。

そのときは「なぜ、こんなことになるんだ」という悔しい思いもありましたが、**スタッフと向き合い、本音で語り合った**ことが、私の財産になりました。スタッフとの接し方が間違っていたことに気づき、早めに軌道修正することにつながったのです。

今思えば、**あのときに痛い目に遭っていてよかった。**もし失敗せず、自分の課題と向き合うこともなく時が過ぎていたとしたら、今の自分や会社の成長はなかったと思うからです。

あるいは、会社がもっと大きくなってから大失敗をして、ステークホルダーの方々にもっと重大なご迷惑をおかけすることになっていたかもしれません。

まだ小さな自分だったからこそ許された部分もあるでしょうし、失敗の数々は、その時期に必要な「**学びの経験**」だったとも言えます（重大な失敗もありましたので、本当はこんなことを自分で言ってはいけないのですが……）。

「子供の成長」で考えると失敗は早くしておいたほうがいい

考えてみれば、これは子供の成長と同じですね。

子供は、遊びの中でいろいろケガをし、友だちともケンカをしながら、危険なことやしてはいけないこと、しないほうがよいことなどを学んでいきます。

失敗学で著名な畑村洋太郎教授は、『新　失敗学　正解をつくる技術』（講談社）の中で、こんなことを書いておられます。

（※三歳の女の子の）孫の行動を観察していると、彼女は五感を使って、全身で世界を感じようとしているのがわかります。

孫は自分の興味のあることに次から次へと手を出して、そのたびに小さな失敗を繰り返します。「なんでそんなもの口に入れるの？」「なんでそんなところに登ろうとするの？」「なんでそんなに汚すの？」。ほとんどの失敗は知恵のある大人からすると意味のないものに見えます。しかし当人には貴重な体験になっています。行動と失敗を繰り返すことで、行動や考え方が変化していくのが、端で見ていると手に取るようにわかるのです。これこそが学びの基本ではないか、彼女を見ているとそのようにつくづくと感じます。……（中略）うまくいくやり方、知識を座学で学ぶこと、自分なりに工夫してやってみてどういう失敗のパターンがあるのか、どういう条件のときに失敗するかといったことを体験的に学ぶこと、二つの学びはまったく違うものだと私は考えています。

私は現在の年齢になっても、経営者の先輩方から見ると子供のようなものだと思います。

それでも、それなりに年を重ねれば重ねるほど、「**あのときの失敗経験が今に生きている**」と実感することの多い毎日なのです。

「迷いがなくなる『自分キャラづけ』」の法則

幕末の偉人・長州藩の吉田松陰《よしだしょういん》は、「志《こころざし》を立てて以《もっ》て万事《ばんじ》の源《みなもと》と為《な》す」という言葉を記しています。

これは「**志（こころざし＝目標・ビジョン）を立てることがすべての行動の原点となる**」といった意味です。あの激動の時代に、命がけで世の中を変えようとした人の言葉ですから重みが違います。

とはいえ、自分にとってメンター（指導や助言をしてくれる人）となるのは、実在の人物だけではありません。

同じことは、私がよく見るマンガやドラマの主人公たちから教わってきました。

たとえば、マンガ『キングダム』(原泰久著、集英社)や、韓国ドラマ『梨泰院(イテウォン)クラス』などがそうです。

キングダムは、私が人生で初めてハマったマンガです。後に中国を統一することになる秦の始皇帝と側近の李信が主人公の壮大な歴史物語なのですが、スケールは違うものの私が知っていることと被る部分があるのです。最初は少ない仲間から始まって、それが100人になり、1000人になり、と増えていく。

また、『梨泰院クラス』は、親を殺された過去がある主人公が事業を起こしてそこから這い上がって復讐していく話です。自分の可能性を最大限に信じて戦っている主人公に、とても共感できるのです。

これらの作品に限らず、マンガやドラマの主人公たちは、それぞれ実現したい目標や使命を持っており、どんなに苦しい状況になっても絶対に挫けません。

主人公があきらめないのは主人公だからだ——という身も蓋《ふた》もない指摘もありますが(笑)、そもそも私たちだって「**自分の人生の主人公**」であり、作者ですよね。

だったら、勝手にそのようなキャラ設定と筋書きにしてもいい。それは、本気の目標を立てることで始まります。

本気の目標のつくり方①
あなたの命の使い方を決める

では、どうしたら、本気で頑張れる目標をつくることができるのでしょうか。

ここでは、私がメンターから影響を受けた言葉や、セルフコーチング（自分で自分をコーチする・励ます・作戦会議をする）で取り組んだワークなどをご紹介しようと思います。

私にはメンターが何人かいるのですが、そのお一人との出会いによって腹落ちしたことがあります。

それは、

「**自分の命をどう使うか？**」

ということです。

目標とか夢とか価値観といった言葉はよく耳にしますし、私たちも気軽に使いますが、「自分の命をどう使うか？」となると、ちょっとドキッとしますよね。

人生は一度きりです。今、この瞬間にも時間は無情にも過ぎ、私たちは死に向かってカウントダウンを進めているのです。

自分の人生をどう使おうが、その人の自由です。快楽のために一生を使う生き方があってもいいし、否定はしません。でもこの本をお読みの方は、一度しかない人生を意味のあるものにしたいという想いが強いのではないでしょうか。

しかし、多くの人は日常生活の中で目の前の「やらなきゃいけないこと」に追われて、ついつい、何のための人生なのかということを忘れがちになります。気がつけば、貴重な命の時間を浪費してしまいます。それを防ぐためには、今一度、自分の命の使い方に思いを馳《は》せてみてはどうでしょうか。

私には、起業したときから経営理念はありました。聞かれれば、「**誰かのためにやる。人のためになることをする**」といったようなことを話していました。

でも、命の使い方という基準で考えてみると、その中身は、ぼんやりしていたと思います。

「自分が生まれてきた存在意義は？」
「自分は何のために生きているの？」

こうしたことを日常的に自問自答するようになってからは、自分のすべきことの解像度が上がり、経営する上でほとんど迷わなくなりました。

たとえば、

□ **お客さまとどのように接するか？**
□ **どのような姿勢で仕事をするか？**
□ **利益が出たときに会社の資源（お金）をどのように分配するか？**
□ **スタッフとどのように接してどのように育てるか？**
□ **家族とどのような関係を築くか？**

□ **この先どんな事業を展開していくか？**
□ **自分は何を学んでいくべきか？**

——などと考えたときに、細かい方法論や結論の正しさはともかくとして、自分が進むべきは右か左か？　東西南北のどこか？　という方向性の選択は迷いがなくなります。

たとえば、「お客さまとどのように接するか」ということについても、何の目標もなければ単に「丁寧に接する」という答えしか出ないかもしれません。しかし、スタッフを大切にし、会社を100年存続させるという視点で見れば、「長いお付き合いをすることを考えて、言われたことをやるだけではなく、プラスアルファの気遣いを忘れない」とか、逆に「理不尽な要求をするお客さまとの付き合いは考え直す」ということもあり得るかもしれません。

同じ頃、人に勧められて読んだ『渋沢栄一「生き方」を磨く』（竹内均 編・解説、三笠書房）にも、こう書いてありました。

「人として生きていくうえでの目的」とは、はたして何であるか、いかにして成し遂げるべきか。これは人それぞれ顔が違うように、各自意見が違うだろうが、おそらくは次のように考える人もあるだろう。それは自分の得意とする手腕にせよ、技量にせよ、それを十分に発揮して力の限りを尽くし、家族を守り、あるいは社会に貢献しようと心がける、しかし、それも漠然と心で思うだけではなんにもならない。やはりなんらかの形に表わさなければならないので、自分の修得した技能に頼って、尽くすようにする。

（「『自分は、どちらの人生を生きるのか』を常に問え」の項）

渋沢栄一は2021年のNHKの大河ドラマ『青天を衝け』の主人公となり、2024年夏には新しい一万円札のモデルにもなった人物で、500以上の会社の設立・経営にかかわりました。明治維新後に、日本の資本主義経済を育てた中心人物の

一人として活躍した傑物《けつぶつ》です。

あなたが目標を立てるときにも、私のメンターや渋沢栄一が問うていることに、真正面から向き合ってみるとよいと思います。

なお、このときに私がこれまでの人生を振り返った上で確認したのは、次のような思いです。

「**誰かの《できない》を《できる》に変え続ける。多くの人の心を照らす存在になる！**」

なぜかというと、私の原動力になっているのは、「**挫折感や孤独、寂しさをどう乗り越えるか**」であることに気づいたからです。

私の幼少期、母は仕事に出て忙しかったので、いつも寂しかった記憶があります。

また、サッカーから離れて心が荒れていた頃には、私の自分勝手なふるまいにあきれて、ほとんどの仲間が去っていきました。目標も見失い、自分の殻に閉じこもり、まさに五里霧中の状態でした。

この2つの体験が、私の人生観に大きな影響を与えています。

自分にとっては、「ビジネスで成功する」とか「お金持ちになる」ことよりも、**家族や仲間と共に楽しく成長していく**ことのほうが優先順位は高いということです。自分が荒れていた時期に、支えてくれた家族や親友がいなかったら、今の自分はないと確実にいえるからです。

私にとって、ビジネスは手段です。事業を発展させ、会社を大きくし、「自分の価値を高めたいと思っている人、そして同じ想いを持った仲間との出会いを求めている人」に愛をお分けして寄り添っていきたい——。綺麗事ではなく、本気でそう思っています。

スタッフも、お客さまも、自分たちがお会いするすべての人たちを明るく照らすランプのような存在になりたい――。

そんな企業グループを100年存続させていきたいと思ったのです。

だから私たちは、今後行う事業を通じて、その人の環境を変える力、人生の土台をつくる力、人生を輝かせる力――などを身に付けるお手伝いをしていくつもりです。

たとえば、最近スタートした教育事業（人財育成・講演活動）やメディア事業は、その想いを形にしたものの1つです。

ほかにも、具体的にやりたいことはたくさんありますが、そのためには、私自身はもちろん、一緒に働くスタッフ・仲間も、今以上に成長していくことが必要になります。

今の私たちには足りないものだらけですから、もっと学び、もっと行動していこうと思います。迷っていたり、グズグズしている暇などありません。

命の使い方とは、時間の使い方なのですから。

「負の感情を消す『過去の見える化』」の法則

本気の目標のつくり方②
ライフラインチャートで人生の棚卸《たなおろし》をする

本気の目標を立てる上であわせて行うとよいのが、「ライフラインチャート」による自分の人生の棚卸です。

私は、セルフコーチングを学ぶ中で、時間をかけてこの作業を行いました。

ライフラインチャートとは、これまで歩んできた**人生を振り返り、その時々の出来事と満足度を年表形式で見える化したもの**です。

60ページにあるチャートをご覧ください。これは、以前私が作成したものを、関係者のプライバシーに配慮した上でつくり直した見本です。

横軸が年齢を、縦軸がその時点での幸福度を示しています。

つくり方は簡単です。まず年齢ごとの印象的な出来事や自分に影響を与えたと思われる経験を洗い出し、そのときの満足度（感情）を評価していきます。幸せならばグラフの上に置き、不幸だったら下に置くわけです。とはいえ、出来事を並べただけではあまり意味がありませんので、チャートをもとに、自分で振り返り（分析）を行う必要があります。

たとえば、私はこんなことがわかりました。前項での気づきと重複する部分もありますが、順不同で、思いついたまま挙げてみます。

□ **自分に大きな影響を与えているのは、孤独感と親しい人といる幸福感だった。**
具体的には、幼少期とサッカーをあきらめた後の孤独・寂しさ、新しい家族や仲

間ができたときの嬉しさ。

□ 自分が本当に大事にしているものは人である。

□ 家族、自分を信じてくれた人、スタッフ、仲間、協力会社様、ステークホルダー様など。

□ 起業した理由は、家族を守るため。学んだことは感謝の大切さ。

□ 目標と感謝がないと人生はうまくいかないし、幸せにもなれない。

□ 判断軸が「決めた目標のため」となっているときはうまくいっているが、「目的ではなく、自分だけのため」となっているときには失敗している。

□ 自分の強みは、リーダーシップがあること。素直なこと。自分で決めたことはやらないと気が済まないこと。愛情が深いこと。何事にも熱い思いでぶつかること。

□ 自分の弱みは、人が好きすぎて影響を受けやすいこと。そのために方針がブレてしまうことがあった。

□ 幸せだと感じるのは、家族や仲間と一緒に人生を楽しみ、成長すること。自分たちの存在が、孤独や不遇の状況にある人たちの力になっていること。

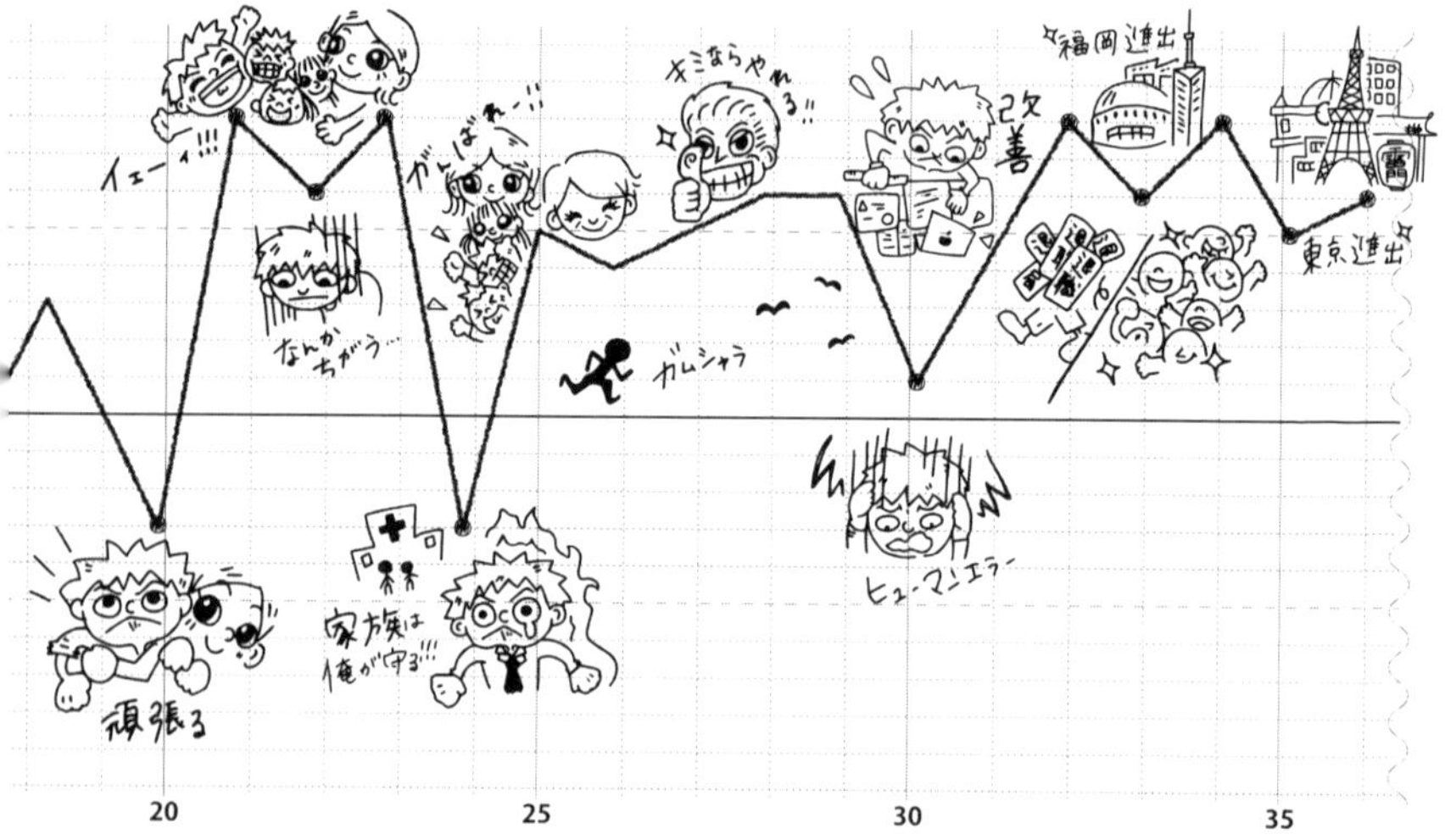

- □ **自分が本当にやりたいのは、多くの人たちの心を照らす存在になること。**
- □ **その人の環境を変える力、人生の土台をつくる力、人生を輝かせる力を身に付けるお手伝いをすること。**

これら具体的な出来事の1つ1つについては、私が得た学びと共に、第2章以降に記していきたいと思います。

ただ、この作業によって私が強く確認できたことを挙げておけば、

私のライフラインチャート

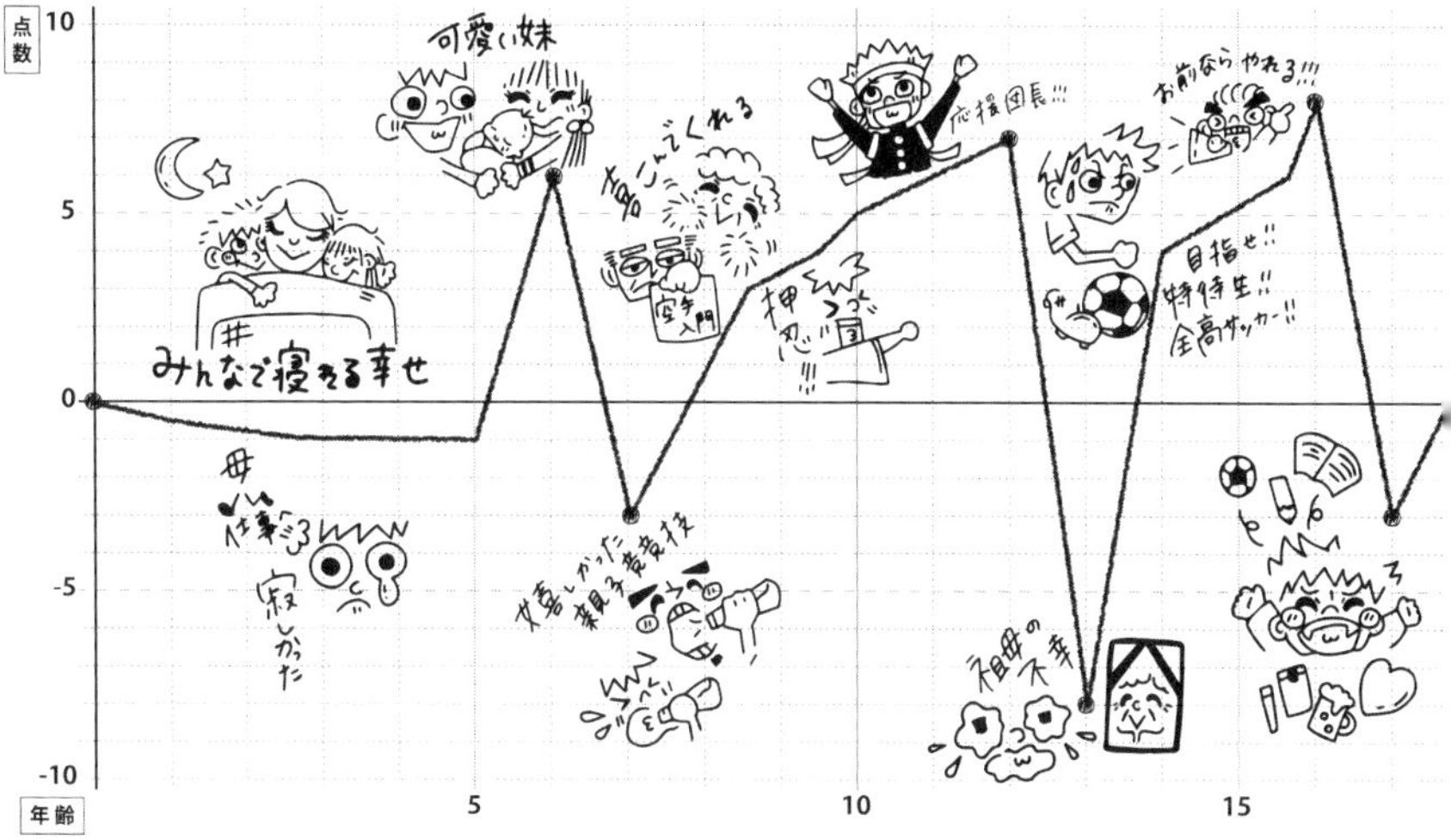

「自分の柱は、家族のため、お世話になった人たちのため――この人たちに恩返しをすることだった。そうした感謝の想いを、今後はもっと多くの人たちにお返ししていきたい」

　ということでした。

　この想いを視覚化したことで自分への理解が深まり、前述した「自分の命をどう使うか？」という問いかけが、よりストンと腹に落ちたのです。

未来が変わればライフラインチャートも変わる

ライフラインチャートは、白い紙を1枚用意すればすぐに書けるので、あなたもぜひ試してみてください。

ただし、私の経験から、

1 できれば丁寧に、じっくり時間をかけて人生を振り返ったほうがよいこと。

2 カウンセラーやコーチなどの専門家に手伝ってもらうのも良い方法であること。

3 一度つくったチャートは定期的に見直してみること。

――などをアドバイスいたします。

自分では忘れていることも多いですし、信頼できる他者との対話の中で気づくこともあるからです。

また、自分が成長し、人生がどんどん変わっていくと、過去の出来事への評価も変わっていきます。私の例で言えば、会社が成長し、人生が好転することで、過去のネガティブな出来事をよりフラットに捉えられるようになり、**負の感情が感謝に変わりました。**

ご参考までに、何かフォーマットがあったほうがつくりやすいという方は、インターネットで「ライフラインチャート　厚生労働省」と検索すると、同省のサイトからそのつくり方とひな型がダウンロードできますので、探してみてください。

「孤独な時間がポジティブな心をつくる」の法則

さて、本気の目標を立てた後にも、人生は続いていきます。

これから新しいことにチャレンジすれば、さらにたくさんの失敗を経験することになるでしょう。

目標があれば心の整い方が違うとはいえ、人間には感情があります。また、想定以上に厳しい状況に陥《おちい》ることもあるはずです。

それらをどう受け止め、目標や計画をどう見直していくかは、目標をつくること以上に大事になります。

第1章の最後では、私が実際に行っている6つの工夫をご紹介したいと思います。

もし、使えそうなものがあったら、ご自分なりにアレンジして真似をしてみてください。

①「なぜ？」をできるだけ繰り返す

私は、**子供の頃から「なぜ？」を考えるのが好きなタイプ**でした。サッカーもそんな性格だから上達が早かったのだと思います。

だから、起業してからも、何かうまくいかないことがあると、「なぜできないのか？」「何が足りなかったのか？」と自問自答をしています。

トヨタ自動車の業務改善策の1つに「**なぜ？　を5回繰り返す――なぜなぜ分析**」という有名なものがあります。「なぜ？」という原因追及を5回も繰り返すことによって、徹底的に、本質的な原因を見つけ出す手法です。

たとえば、会社に遅刻したケースで考えると、

1 なぜ、電車に乗り遅れたのか。
2 なぜ、家を出るのが遅くなったのか。
3 なぜ、目覚ましをかけ忘れたのか。
4 なぜ、深夜までゲームをしていると目覚ましがかけられないのか。
5 なぜ、ベッドに入る直前でないと目覚ましをかけないのか。

というふうに考えれば、寝落ち寸前ではなく、もっと早いタイミングで目覚ましをかける習慣を身に付ける、といった答えが出せるわけです。

私もそれに倣って、5回と言わず、できる限り繰り返します。5回以上も「なぜ?」を繰り返すのはなかなか大変ですが、これをやっていくと、そこに一筋の光のようなものが見えてくる感覚があるのです。

たとえば、荒木電通の過去最大のピンチだった前述のヒューマンエラーがそうです。

創業6年目くらいの頃の話です。

当時のスタッフは私を入れて4人。売上が3000万円程度で、その後の1、2ヵ月は売上の目途が立たず、いつ潰れてもおかしくない状態です。

そこからどうやって立ち直れたのかは第2章に記すつもりですが、そのときも私は「なぜ？」を繰り返していました。

当時のメモは残っていないので、改めて書いてみると、68ページの図のような感じになります。

堂々巡りになってきている部分もあるのでここでストップしますが、ある程度の材料は揃ったと思います。その上で私が考えたのが、次の改善策でした。

□無理なスケジュールで仕事は請けない。
□スタッフをもっと大事にする。
□仕事の質を重視する。技術力や営業力をより高める。
□短期的だけでなく、長期的な視点で経営戦略を考える。

Q なぜヒューマンンエラーが起きたのか？

☑ 1 | なぜ、事故が起きたのか？

スタッフの確認ミス、疲労からくる集中力の欠如、スタッフ教育の不足があったから。

☑ 2 | なぜ、そうなったのか？

キャパオーバーで仕事を取っていたから。

☑ 3 | なぜ、キャパオーバーで仕事を請けていたのか？

会社として売上を増やす必要があったから。

☑ 4 | なぜ、売上を増やす必要があったのか？

スタッフの給料を払うため。仕事がない状態があると不安だったから。

☑ 5 | なぜ不安から焦って無理をしたのか？

自社の技術力や営業力は平均的なものでしかなく、絶対的な自信がなかったから。

☑ 6 | なぜ、自社の技術力や営業力に絶対的な自信がなかったのか？

追い詰められて起業した要素もあり、技術力と営業力は経験を積みながら高めていく計画だったから。

さて、私は、こうした大事な場面では、一人でじっくり考える環境を整えています。それが次の工夫です。

②コンテナホテルに数日間籠《こも》って考え抜く

大事なことを考えるとき、私は数日間、コンテナホテルに籠ることにしています。コンテナホテルとは、文字通り、コンテナを利用したボックス型の宿泊施設のこと。宿泊や個室利用に特化した施設であり、災害時には移動して避難所などとしても使われています。

私は、今は年に一度、経営計画の発表前に利用するくらいですが、創業当初は、私の考え方の軸がよくブレていたので年に数回は籠っていました。

そうするのは、**雑音の聞こえない場所で一人きりになりたい**からです。籠る際には、コンビニで食料を買い込み、2～3日の間、なるべく外に出ないようにして自分と向き合います。もちろん、仕事の指示もリモートでできる仕組みをつくった上でのことです。

集中して考えたいときは、部屋の灯りを消して真っ暗にします。すると、コンテナの狭い隙間から差し込んでくる一筋の外光が見えます。その光が「希望」のように感じられて、どんどんアイデアが浮かんでくるので、それらをノートに書き留めていくのです。

私はちょっと変わっていると思いますが、大きな決断をするときなどに孤独な環境で考える経営者は多いようです。

先日も、高級ホテルに籠って私と同じことをされている方の話を聞きました。高級ホテルは部屋も机も広く、仕事のできる環境も整っています。また、遮光カーテンを閉めると日中でも真っ暗に近い状態をつくれるからだそうです。

③遠い場所へ出かけ、非日常の中で考える

これは近所のコンテナホテルに籠るのとは反対の方法になりますが、リゾートのよ

うな非日常の場所でリラックスするのもよいと思います。

私も年に一度、石垣島（沖縄県）に行って、非日常の中でビジョンを固めています。コンテナでの合宿とは違って、主催者がいる研修旅行ではありますが、現地では一人になれる時間が多いので、敷地内を散歩したりしながら、リラックスした状況でじっくり考えられるのです。

読者の方が真似されるなら、コンテナよりもこちらのほうがいいかもしれません。

④過去のことを吐き出す「黒ノート」をつけて処分する

一人籠って考えているときもそうですが、私は日頃から、自分の感情を書き留めるための「**白ノート**」と「**黒ノート**」の2つを用意しています。

ざっくり言うと、白ノートは、**未来のことを記録する**ためのもの。それに対して、黒ノート（文字通りブラックの表紙です）は、**過去のことを書く**ためのものです。

私は、まだまだ未熟な人間なので、冷静かつ客観的に物事を判断していくためには、自分の感情を素直に吐き出すことも大事だと思っています。

特定非営利活動法人 日本コーチ協会（桜井一紀　理事長）のホームページには、組織心理学博士マーシャ・レイノルズ氏の言葉としてこんな記述がありました。

「人は、こうした方が良い、とわかっているのに、行動を変えられないときがあります（早起きした方が良いと、わかっているのに、早起きできないように）。感情に身体が乗っ取られていると、感情が行動を選んでしまいます。まずは、自分の感情を理解する。自分が何を感じているのかを知る（考えていること、ではなく）。これができると、その感情を解き放つことができます」

あなたもご自分の感情を知るために2つのノートをつけてみてはどうでしょうか。

ただし、黒ノートの取り扱いには要注意です。

良いことも悪いことも、**「過去」に引っ張られすぎるとクリエイティブなアイデアが出なくなる**のです（これはライフラインチャートでも同じです）。私は、負の感情を整理するためにも、ある程度書いたら黒ノートは処分することにしています。

⑤誰よりも反省はするが自分を信じ切る。自分と丁寧に向き合う

ここまで書いてきたように、失敗したときには誰よりも反省し、「なぜ？」を繰り返してその原因を追及し、どうやって改善・成長していくかをじっくり考えます。

そのときに、より強く意識するとよいのは、未来に向けて自分に何ができるのかを問い続けることです。自分にダメ出しばかりしていると辛くなってしまいますから。

私も正直に言えば、以前は、自分自身をほめることよりも、「まだまだだな……」と自分に対して否定的な声かけをしてしまうことが多かったと思います。

でも、セルフコントロールができるようになってからは、

「もっと、こういうふうにできたよな」
「こうやればできたな。じゃあ、これからはそうしよう」

「**改善すれば、自分は、もっとできるよな**」

というポジティブな内容に変わってきています。

要するに、誰よりも反省して自分を疑ってみるけれど、誰よりも自分を信じるのです。

反省会をするというよりも、起きたことに対して逃げずに向き合うイメージです。

⑥信頼できる人に会いに行く。壁打ち仲間をつくる

最後の6つ目は、一人の世界に籠るのではなく、他人と積極的にコミュニケーションをとる方法です。

私の場合は、落ち込んだときや大事な判断をするときには、**信頼する人に会いに行く**ことにしています。

たとえば、荒れた生活を送っていた時期、遊んでいた仲間が一斉に離れていく中

で、たった一人だけ、自分と一緒にいてくれた友だちがそうです。

優しく接してくれた姉の夫（義兄）もそうですし、「お前は大丈夫だ。できる！」と常に言ってくれた仕事先の先輩や社長もそうです。

本当にありがたかった。

だから私は今でも何かあったら、この人たちの所へ行きます。


このほか、誰かに話を聞いてもらいたいとき——という意味では、起業してから知り合った、いわゆる**「壁打ち」をしてもらえる人たち**も何人かいます。

「行ってもいいですか？」と気軽に訪ねていける大事な人たちですが、実は私の妻も、広い意味ではその一人なのです。仕事のことも相談できる本当にありがたい存在です。


昔からの付き合いで信頼できる人を訪ねることや、家族と深いコミュニケーションをとることはすぐにできると思いますから、ぜひおススメします。

もっとも、

「付き合いが狭くて、壁打ちの相手がいない」

「そもそも、友人がいないので無理」

という方もいるでしょう。

もし、「壁打ち」の仲間が思い当たらなければ、メンターやコーチを見つけるという方法もあります。これは第3章でも記します。

第2章

感謝×恩返し＝限界突破

――感謝こそ成功への近道

「一番近くにいる人こそ〝幸せの青い鳥〟」の法則

前述した私のライフラインチャートを見ていくと、ある重大なことがわかります。

それは、失敗したり、目標を失って迷走状態になったときには、ありがたくも手を差し伸べてくれる方がいたということです。その方たちからいただいた愛情やチャンスが、私を支えてくれました。

決して、特別な人ではありません。お金持ちでも、偉い先生でもありません。昔から、**自分の近くにいた数人の方たち**です。

名作『青い鳥』ではないけれど、「**幸福の青い鳥**」は、世界の遠いどこかではなく、

自分の足元にいた――。

これも、私が実感した成功法則の1つです。

目標があっても感謝を忘れればうまくいかなくなりますし、感謝があっても目標がなければ仲間に助けてもらいようがありません。この2つは、いわばクルマの両輪であり、どちらが欠けてもダメなのです。

あなたは「感謝が大事なことくらい知っているよ」と思うかもしれませんけれど、次のようなことに思い当たりませんか。

□ **家族に「ありがとう」としばらく言っていない。**

□ **本当は連絡すべき人に、しばらく挨拶していない。**

成功したい人や夢を実現したい人、人生を明るく変えていきたい人は、今ここで気づいたことをそのままにせず、感謝し、その人たちを大切にしてください。

そして、**1つ1つの出会い（縁）を大事にしてください。**

感謝の心が身に付いた人は、それだけ成功に近い位置にいると思います。なぜなら、誰かの感謝を受け取った人は、相手にお返しをしたくなるからです。

国内最大手のカレーチェーンで、近年は海外にも進出している「カレーハウスCoCo壱番屋」の創業者・宗次徳二《むねつぐとくじ》さんは、インタビューで「売上が落ちた時にどうするか」という問いに対し、「感謝の言葉、笑顔、お店の掃除などを通じて、**経営者の真心をつたえる**ことができていれば、売上は必ず回復する」という趣旨のお話をされています。

感謝の心を持つということは、単なる道徳論ではなく、人生を切り開く力になり得るのです。

もう1つ、『弱者の戦略』（栢野克己《かやのかつみ》著、経済界）という書籍には、こんな記述があります。

大事なのは、資本主義社会で生きて行くには、「夢×戦略×感謝」の全部が必要だということ。夢だけでは食えぬ。戦略（＋戦術）だけでは疲弊する。感謝だけではカモにされる。「夢×戦略×感謝」のバランスが大事なのだ。

「感謝」は簡単なようだが、人は自分のことばかり考える。成功は自分の力と考え、お客様や周囲の他力様を忘れる。思い上がるのが普通だ。「感謝」は自分との闘い。ある意味、ライバルと戦うより難しい。己《おのれ》に克《か》つことが一番難しいからだ。そういう意味で人生と同じく、「夢×戦×感」は永遠の修行だと思う。

（中略）

小さな成功は「夢」と「戦略」だけでも可能かもだが、やはり「感謝」がないとお客様も仲間も逃げる。成功を続ける、または大成功するには、やはり「夢×戦×感」の継続だ。

私の場合は「**目標×感謝×学び**」ということになりますが、あなたも、しっかりとした目標や計画を立てた上で、

「**〇〇を喜ばせたい**」

「**この人の心を動かす、笑顔にするにはどうしたらよいか？**」

「**スタッフや家族を幸せにするには？**」


といったことをすべての判断軸としてみてはいかがでしょうか。

他人に感謝し、他人を大切にするということは、実は自分自身に感謝し、あなた自身を大切にすることでもあるのですから。

「人生の軸は『子供の頃の想い』」の法則

ここでは、私という人間を知っていただく意味も含めて、前述したライフラインチャートを下敷きにして「**人の縁と感謝の大切さ**」について考えていきたいと思います。

本章をお読みになった後に、家族や昔お世話になった方々の顔が浮かんできたら、ぜひ連絡をとるなり、感謝の想いを文字の形に残してみてください。

私の目標の原点にあるのは、「**家族を喜ばせたい**」という想いです。自分で言うのもどうかと思いますが、私は家族が大好きですし、「**この人たちを笑顔にするためなら頑張れる**」と思って生きてきた人間なのです。

すでに書いたように、私の幼少期、母は忙しく働いていたので、たまに一緒に寝られるだけで幸せでした。

父が運動会の親子ラムネ早飲み大会に出場してくれたことは、今でも鮮明に憶えているほど嬉しかったし、2歳上の姉は大好きでしたし、6歳離れた妹のことも可愛くて仕方ありませんでした。

小学生時代には、叔父の影響で空手を習い始めました。

きっかけは、同級生から家のことを話題にされ、少しからかわれるようなことがあったからです。当時、身長は高かったものの、気持ちが優しいというか弱い性格だったので、空手で強くなったら相手が何も言わなくなると思ったのです。

でも空手を続けていた本当の理由は、**試合に勝つと家族が喜んでくれた**からでした。特に祖母の喜ぶ顔は忘れられません。みんなの笑顔を見たくて頑張っていたら、九州大会でベスト8に入るまでに上達していました。

小学6年生のときには身長が170センチ以上になっていました。リーダーシップがあったのか、応援団長をやったり、リレー競争でもアンカーを務めたりと、常に人の輪の中心にいたような記憶があります。

自分の活躍を家族に見てもらう機会には事欠きませんでした。

しかし、頭に残っているのは良い思い出だけではありません。

経済的には大きな余裕があるわけではなかったですし、中学に入るとすぐ祖母が亡くなってしまいます。

私もショックでしたが、母と親戚の落ち込み方はそれ以上でした。その衰弱ぶりを見て、「**どうしたら母を元気づけられるだろうか？**」と真剣に考えたのが、私の人生で最初に立てた目標です。

それは、部活のサッカーで活躍して、授業料免除のスポーツ特待生となることでした。

思い返せば、このときの出来事が「自分のためではなく誰かを喜ばせるために頑張る」という、私のスタンスの原体験だったような気がします。

また、祖父母やご先祖さまへの感謝の気持ちが心の底から湧き上がってきたのも、このときでした。

この2つの思いが、会社経営にも強く、明確につながっています。

自分の人生を終えるときに「母ちゃん」からほめられたい

今、私が強く思っているのは、自分の人生が終わるときのことです。

これは尊敬する永松茂久さん（株式会社　人財育成JAPAN代表取締役）からの影響ですが、人生の最後に、その頃は天国にいるかもしれない母《かあ》ちゃんから、「**よく頑張ったね**」と言ってもらう光景をいつもイメージしているのです。

もちろん、その対象は母だけではありません。今までお世話になってきた方や、これから深くかかわっていく方たちに対しても同じ気持ちです。

「**その人のために**」と思うから何倍も頑張れるし、「**あなたがいてくれてよかったよ**」「**あなたに出会えて人生が変わりました**」と言ってもらいたいから、挫けずにどんどんチャレンジできます。

「あなたは、自分の人生を終えるときに、誰に、どんな言葉をかけてもらいたいですか？」

これを具体的にイメージし続けるだけでも、あなたの日々の行動は良い方向へと自然に変わっていくはずです。

感謝することがなぜ目標達成を助けるのか？

感謝の気持ちを持っていると、目標を達成しやすいことは学問的にも明らかになっています（詳しくは後述します）。

□ **感謝の気持ちがあると、心が整い、目標に対するモチベーションが向上する。**

□ **感謝の気持ちがあると、謙虚さと素直さが生まれるので、自分の課題に向き合**

感謝の気持ちは幸せのもと！

いやすい。

□感謝の気持ちがあると、人間関係が良好になり、周囲からの支援を得られやすい。

□感謝の気持ちがあると、ストレスが軽減される。

□感謝の気持ちがあると、何よりも、人生の日々が幸せになる。

これらは、最近よく言われている「レジリエンス」（逆境からの復元力・回復力・立ち直り力）を高めることと似ているようです。

レジリエンスを高めるには、４つの要

素（心の筋肉）があるのですが、私の理解も含めてまとめると、次のようになります。

□「I HAVE」……**外的なサポートがあること。親しい人間関係があること**
□「I AM」……**自尊心が保たれていること。自分の存在意義を理解していること**
□「I CAN」……**自己効力感があること。自分の強みを理解していること**
□「I LIKE」……**積極的に好むものがあること**

この心の筋肉は日々の意識によって強く鍛えられるそうです。
東京医療保健大学の秋山美紀さんは、同大学のコラム「ヘルスケアコラム（2016年10月3日）」の中で、こう記しています。

I HAVEでは、自分のサポーターとなってくれる人、過去に大変な時にお世話になった人を思い浮かべてみましょう。きっと自分の持っている宝物に気づくはずです。

I AMでは、自分の得意なこと、強みを考えてみましょう。周りの人にも「私の強みは何だと思いますか？」と聞いてみてください。すると自分でも気づかなかった自分の宝物を発見できると思います。

I CANでは、過去に自分が体験した困難な状況を思い出して、どのように乗り越えたのか、その時の体験から学んだことを思い起こしてみましょう。きっと自分の隠れた財宝に気づくはずです。

I LIKEでは、自分の大切な人の写真や楽しかったことを考えましょう。わくわくして自分の楽しむ力を感じませんか。

とても素敵な提案です。こうしてみると、やはり感謝していくこととレジリエンスとの間には、かなりの共通点がありますね。

私もレジリエンスを勉強していこうと思います。

「『本気』ならみんなが助けてくれる」の法則

中学生のとき、私は、「サッカーの特待生になって家族を喜ばせたい」という目標を持っていました。しかし、そこはまだ子供のことですから、達成したとたんに誘惑に負け、高校生になってから道を外してしまいます。

結果的に、私は「**目標を持つことの素晴らしさ**」と、「**目標を失ったときの残念さ**」を、10代のときに身をもって体験することになりました。

だからこそ、私はあなたに自信を持って伝えられます。知識やノウハウやお金を追い求める前に、目標を持つことと身近な人を大切にすることを忘れないでください。

私がサッカーを始めたのは、中学1年生のときでした。

実は個人競技よりも、仲間と力を合わせて戦うチーム競技のほうが好きだったので、以前からサッカーがやりたかったのです。しかし、家庭の状況も考えて、「サッカーチームに入りたい」とは言い出せないでいました。

それで入学と同時に、まったくの素人のままサッカー部に入りました。

スポーツ特待生を狙うには並みの活躍では足りませんが、うまい生徒は小学生の頃からクラブチームに入っているのが普通なので、この時点でのハンデは非常に大きなものでした。まず、レギュラーになるだけでも、他の子よりも数倍の努力をする必要があります。

しかし、このとき**私の視座は、中学ではなく、「特待生で進学した高校でどう活躍するか?」という高さにあった**ので、練習は苦ではありませんでした。

どうしたらもっとうまくなれるかを常に考え、合同練習以外の時間も一人自主的に鍛えていました。

技術よりも体や声が大きかったことや、負けず嫌いだった性格が認められたのでしょう。私は中学や市の選抜チームではキャプテンを任され、部活でも県大会でベスト4にもなりました。

その結果、無事に特待生として進学することができました。

高校では1年生のときに、3年生中心のインターハイ出場メンバーにも入っています。そこまでは極めて順調でした。

そこまでは――。

恥ずかしながら、私はしばらくすると練習に身が入らなくなります。順調すぎたことも逆に慢心につながったのか、遊ぶほうが楽しくなってしまったのです。

結局、高校1年生のときに私はサッカーから離れることになりました。

目標を一瞬で失い、親にも大きな迷惑をかけました。挫折もいいところです。

ああ、これからどうしようか……と思いつつも、私は思考がストップしてしまった、というか完全に自分を見失っていたと思います。

家族にさんざん迷惑をかけました。友人たちにも不義理をしまくったので、人がどんどん去っていきました。辛かったし、本当に寂しかった。でも、すべて自分が蒔《ま》いた種です。

こうして振り返ると、**目標がないというのは怖い**ことだな、と思います。人生がもったいないとも思います。もう二度と同じ想いをしたくありません。

あなたのことを信じて応援してくれた人は誰ですか？

10代で目標を失い、荒れた生活を送っていた私が立ち直れたのは、

「**俊なら大丈夫！**」

「**大丈夫！　俊なら！**」

と言い続けてくれた人たちがいたからです。

家族はもちろん、姉の夫（義兄）も——当時はまだ彼氏の時代でしたが、「**俊なら大丈夫だよ**」と常に応援してくれました。

彼は私の人生を変えてくれた一人です。

また、私をこの業界に導いてくださった社長さんもそうでした。

当時は、親戚にも料理人が3人いたこともあり、料理の道に進もうと考えていました。一度その世界に足を踏み入れたものの、自分には合わないと感じ、新しい道を模索していました。

そんなときにご縁をいただいたのが、社会人サッカーで知り合った先輩でした。先輩のお父さんが小規模の電気工事会社を経営しており、「この業界で仕事をしてみないか？」と声をかけてくださったのです。

今、私が荒木電通を経営できているのは、このとき電気工事の世界に飛び込むきっかけをいただいたからこそです。本当に感謝しています。

このように、私の周りには数は少なくても、「**俊なら大丈夫だよ**」と背中を押してくれる人がいました。どれだけ人が離れていっても、近くで支えてくれた友人や、自分にチャンスを与えてくれた人がいました。だからこそ、**私は細かなことでも人に感謝できるようになった**のだと思います。

でも、友人や知人がたくさんいたからピンチを乗り越えられたわけではありません。本当に必要なときに手を差し伸べてくれるのは、いつもほんの一握りの人たちだけでした。だから、今あなたに友人がたくさんいてもいなくても、そんなことは関係ありません。

あなたを助けてくれる人は、家族の誰かかもしれませんし、あるいは友人の中の誰かかもしれません。**必ずあなたのことを見ている人はいます。**

信頼してくれる人が周りに一人でもいれば、この先、何があっても立ち上がれると思っています。「**この人のために**」と思って頑張れるからです。

何かに本気で取り組むと後で自分を助けてくれる

ところで、先ほどの就職エピソードの中で、1つ学んだことがあります。

本来は第1章で触れるべき内容ですが、人にも関係することなのでここに記しておきます。

それは、「**本気の目標を立てて、本気で取り組んだことは、たとえ失敗に終わった**

としても無駄にはならない」ということです。

そこまで頑張ったのなら以前よりも成長しているはず――という話ではありません。もちろん、そうした意味もありますが、ここで言っているのは、次のような不思議な意味です。

「**何かに本気で取り組んでおくと、後に、まったく違うシチュエーションでその経験が活きてくる**」

「**それをやってきたおかげで、思わぬところから幸運が舞い込んでくる。良い縁につなげてくれる**」

人生の先輩方は、このことを実感されていると思います。

それこそ、「趣味の魚釣りが縁で知り合いの社長から転職を誘われた」とか、「学生のときに一生懸命に働いていたアルバイト先の同僚が、重要な取引先の担当者として目の前に現れた」などといった経験を持つ方はたくさんいることでしょう。

第1章でも紹介したスティーブ・ジョブズのスタンフォード大学卒業式でのスピーチでも、点と点をつなぐという話がありました。

ジョブズが若い頃に勉強していたカリグラフィー（文字を美しく見せるための技法）に関する知見が、後になってから、アップルのコンピュータのフォントの美しさへのこだわりにつながったという話です。

私の場合は、現在も地元の佐賀で小学生サッカーチームのコーチを続けています。そのサッカーが縁で、何もかもがイヤになってフラフラしていた私がこの業界に巡り合えましたし、今の仕事にもつながりました。

一度は裏切ることになったとはいえ、青春時代の一時期に誰よりも本気で取り組んでいたサッカーの神さまが、私を助けてくれたのかもしれないなと思っています。

だから、あなたも**仕事に限らず、目標に向かって何かを本気で頑張ってみてください。**そして、そこで**出会った人を大切にしてください。**

3年後か、5年後か、10年後か、もしかしたら30年後かに、素敵な幸運と出合うことでしょう。

「ダメダメな自分でも必ず一人は味方がいる」の法則

私を変えてくれた妻の献身

すでに記した人以外にも、私の恩人と呼べる人は他にもいます。第一は、妻です。彼女と出会わなければ今の自分はないと断言できるほど、私の人生を変えてくれました。

いつも私の背中を押してくれて、一番の理解者であり、勇気をくれるのが妻です。どんなときも私を信じ、支えてくれる彼女の存在はかけがえのないものでした。

結婚を前に自信をなくし、弱気になった私に対して、彼女は静かにこう言いました。

「もし別々の道を歩くことになっても大丈夫だよ。私が何とかする覚悟はあるから、安心して」

その言葉を聞いて、私はものすごくショックを受けました。**ここまで言ってくれる人はいないし、逆に、言わせてはいけない**と思いました。

だから、私はかつての反省も含めて、家族を守り、愛していくことに対して、人一倍熱い想いを持っているのです。

起業を促し、未熟な元部下をずっと見守り続けてくれたAさん

二人目は、以前勤めていた会社の上司であるAさんです。

ちょっと複雑な話なので、順を追ってお話しします。

私が先ほどの電気工事会社で働いていたときに、取引先の会社へスタッフを一人だけ出向させるという話がありました。相手は数百人規模の会社です。

当初は別のスタッフが行く予定でした。しかし、その人が嫌がっていたので、「だったら代わりに自分を行かせてほしい」と私が手を挙げました。少しでも給料が上がるといいなと思いましたし、規模の違う会社で今までとは違う景色も見てみたかったからです。

その会社で私を指導してくださったのがAさんです。彼の提案でその会社のスタッフとして働くことになり、2年間を過ごしました。しかし、その間は悶々《もんもん》とする日々でもありました。

特に辛かったのは、将来のビジョンが描けず、ただ一日一日、言われたことだけをこなす「仕事ではなく作業」をしていたことです。自分が何のために働いているのかわからないまま漫然と日々を過ごし、やりがいや目標が見えないことに心が苦しくなっていました。

さらに、佐賀県から福岡県への通勤は往復4時間かかり、体力的にも精神的にも疲弊していきました。給料も低く、家族との時間を十分に取ることができず、三人の子供を育てるための資金への不安が私を追い詰めていきました。

そうこうしているうちに心が限界を超えて、私は仕事を無断欠勤してしまいます。そのときに、佐賀までわざわざ探しにきてくれたのもAさんでした。励まされて一度は戻ったものの、やはり会社を辞めて、給料が良かったトラックドライバーに転職することにしました。

すると私の退職を知ったAさんがすぐに電話をしてきて、「もったいないから戻ってこい。個人事業としてやってみろ。人手が欲しい案件がある」と言ってくれたのです。つまり、独立のきっかけをつくってくれたのもAさんでした。

しかも、委託業者としてその会社の下請けをしていましたが、Aさんには常に背中を押してもらい、人としても経営者としても成長できる環境を与えていただきました。そのおかげで、取引先も一社ずつ着実に増やしていくことができました。世の中にこれほど親切な人がいるのかと心から感動するとともに、Aさんへの感謝の気持ちは尽きることがありません。

それだけではありません。

前述したヒューマンエラーのときにも、Aさんは事故の原因分析を手伝ってくれ、受注ゼロが続く中、私が責任者として業務を再開できる道筋をつけてくれました。

未熟だった私をなぜあれほど支援してくれたのか不思議なのですが、彼は私の母と同じ年なので、息子を育てるようなつもりで見守ってくれていたのかもしれません。

こうしてみると、**人生とは本当に人の縁でできている**なと思います。

若いときには気づきにくいことですが、今、悩んでいる人や不遇をかこっている人がいたら、私もその人たちに根拠なく「大丈夫だよ」と言ってあげたいです。

根拠などなくていい。これまでがどうあろうと、今から生き方を変えればいいだけなのですから。

感謝を忘れなければ、あなたの周りにも応援してくれる人は必ずいるはずです。

「心が整う〝気持ちの文字化〟」の法則

第1章では、「白ノート」と「黒ノート」の話をしましたが、**自分の想いを文字にしてみる**ことは、モチベーションを高く保つためにも有効です。

ここでは、私も実践している（試してみた）ことをいくつかご紹介したいと思います。

感謝の手紙を書いてみる

あなたにも、これまでの人生の中で励ましてくれた人やチャンスをくれた人、ただそばにいてくれるだけで嬉しかった人がいると思います。

一人ひとり思い浮かべてみてください。

その人たちに直接感謝を伝えてもいいと思いますし、自分が成長・成功することで恩返しをするのもいいと思いますが、私がおススメするのは、その人たちに感謝の手紙を書くことです。

メールでもＬＩＮＥでもいいのですが、自分が感じている感謝の気持ちを改めて伝えてみてください。

いつもそばにいる家族であればなおさらです。**口頭では気恥ずかしくて言えないことも、文章でなら伝えられる**でしょう？

書く内容は、「いつもありがとう」でもいいし、もっと書くならば、

1　あのとき、こういう言葉をかけてくれた（こういうことをしてくれた）ことに感謝している。

2　そのおかげで頑張れたし、今の自分があると思う。

3　今、自分はこういうことをしている。あのときの感謝を、自分がもっと成長す

ることと、自分が他の人に同じようにしていくことで、○○さんへの恩返しになればいいと思っている。

――といった感じでもいいでしょう。

こうした文章を書くことの利点は、**自分の心が整う**ことです。

口に出す言葉は浅い内容でも違和感なくスラスラと流れてきますが、一方で、文章を書くときは深く内省する必要があります。そこで考えたことを文字として自分の外に出すことにより、**謙虚になり、素直になり、軸が定まる**のです。

また、その手紙（メールなど）を受け取った立場からすると、これはあなたが思っている以上に嬉しいものなのです。

あなたも恩を忘れていないでしょうが、受け取った側もずっと忘れません。この先も、力になってあげたいと思います。

だから、**手紙（メール）を書いてみましょう。**

ただし、一点だけ注意があります。

家族は別として、**お礼の手紙を出す際には、純粋にお礼の気持ちだけを伝えてください。**

そこに応援してほしいという気持ちが出すぎると、「何か頼むときだけ連絡をしてくる人」という評価になりかねません。

それでは、せっかくの感謝の想いが台無しになってしまいます。

困っているときは、機会を改めて「助けてほしい」と連絡しましょう。元々あなたを応援してくれている人たちならば、そのほうが気持ちよく助けてくれるはずです。

感謝日記をつけ続ける

感謝を文字にすることの効果に関して、興味深い研究があります。

国立研究開発法人　情報通信研究機構と立命館大学の共同研究によると、「日常生活で起こる様々な出来事や、その対象となる人々に感謝したことを振り返り記録することにより、学習モチベーションが向上すること」がわかったのです。

前述のような「感謝の手紙を書いて渡す」という行為は、それまでの実験では学習モチベーションの変化が見られなかったそうなのですが、これは1回だけの行為なので、『感謝の感情』の変化による影響が小さかった」からではないか、と推測されていました。

そこで、「2週間にわたって、毎日、感謝したことや感謝した人のことを書く、『感謝日記』を利用する方法」を用いて実験したところ、学習モチベーションが向上し、その効果は3ヵ月後まで維持されたといいます。

この研究結果が面白いのは、「何かに感謝したところで人生はそんな簡単に変わらないよ」と思っている人への、良い答えになっていると思うからです。

大事なのは1回だけではなく、**毎日、感謝する**ことなのです。

これはあくまで学習に関するモチベーションの実験ですが、それが高い状態がずっと続くだけでも、**毎日感謝する人としない人との差**はとんでもなく大きなものになることは推測できます。

まさに、「**継続は力なり**」――。ことわざや、成功している人たちの間で当たり前に言われていることは、やはり根拠のある話なのだとわかります。

すべての判断軸を「この人の笑顔が見たい」に変える

ビジネスの世界で競争していくためには、しっかりとした目標（計画、戦略）と実行力が必要です。

いくら夢を語っても、売上や利益が出なければ存続（生活）できなくなるのですから、経営ではそこが最重要事項になります。

だから、私も零細企業としては珍しいほど綿密に、創業当初から中期計画などをつくってきました。

それをした上で、私は経営の判断軸を、「**この人の笑顔が見たい！**」というところに置いています。

多くの経営者や起業を考えていらっしゃる方も、おそらくそう思われていることでしょう。特に本書を手に取っていただいたような方は、そうだと思います。

とはいえ、現実の仕事や生活の中では、そうは言ってもいられない場面もありますよね。

誰だってお金がほしいし、成功したい。また、焦っているときや余裕のないときには、「自分のため」に行動しがちです。

そうならないために私がおススメするのは、**「意識の矢印」をイメージする**ことです。

今の自分の判断や行動は、「**自分だけのため**」という方向に向いているのか？　それとも、「**自分と人のため**」という方向を向いているのか？　と矢印の向きを考えてみるのです。

たとえば、人脈をつくりたいときや自分から仕事を獲りにいくときには前者ですし、相手の喜ぶ顔が見たいときや感謝しているときには後者です。

ちなみに、私は後者のほうに矢印の向きを変えてから、付き合う人も環境もガラリと変わりました。素敵な方が、向こうから近づいてきてくれるような感覚です。

あなたも、日々の仕事の中で自分の判断に何か違和感を覚えたら、そのたびに矢印の方向を確かめてみてください。

なお、この矢印は、「自分だけのため」のほうを向いてしまっても当たり前だということを覚えておきましょう。人間だから当然です。

徐々に変えていけばいいし、気づいたときに直せばいいのです。完璧になどできませんから、そこは無理しないようにしてください。

「自分の強み」を他人からヒアリングする

この5年・10年ほど、自分の強みを自己診断するテスト、たとえば「クリフトンストレングス・テスト（ストレングスファインダー）」などが流行しています。

前述したレジリエンスを高める4つの要素（心の筋肉）にも、「I CAN(自己効力感があること)」がありました。

自分の強みを理解していることは失敗や挫折を乗り越えるためにも必要なことなの

でしょう。

詳しく診断するためには各種テストを受けてみるとよいと思いますが、それと同時に私がおススメしたいのは、「私の強みは何だと思う？」と信頼できる人たちからヒアリングしてみることです。これは、89ページで紹介した秋山美紀さんもコラムの中で推奨しています。

私の経験から言うと、**自分が弱みだと思っていたことを長所と指摘された**ことや、その逆もあります。自分が自分を正しく評価するのは難しいものだと思いました。

1つ言えることは、自分で自分を過小評価している人が多いのではないかということです。他人の目には十分に強みだと映っているのに、本人が「たいしたことないよ」とヘンに謙遜して、その高い能力を活かしていないケースが多いと思うのです。

だから、**多くの人にあなたの強みを聞いてみてください。**その声を集めるだけでも自信になりますよ。

第3章

学び×実践＝究極の現場力

――行動する人がすべてを手に入れる

「INとOUTはワンセット」の法則

本気の目標を持つことや、人への感謝を忘れないことに加えて、成功するにはもう1つ大事な要素があります。

それは、学び続けること、学んだことを実践し続けることです。つまり**知識をインプットしたら、それをアウトプットして初めて身に付く**のです。

あなたは、新しい知識を毎日どれだけ学んでいるでしょうか。

『働く社会人における日々の勉強時間と主観的幸福度の関係』（米良《めら》克美《かつみ》、グロービス経営大学院大学 紀要－調査 No.0014_S〈2023年11月 第2巻〉）という興味深い

役割別の1日あたりの平均勉強時間（分）

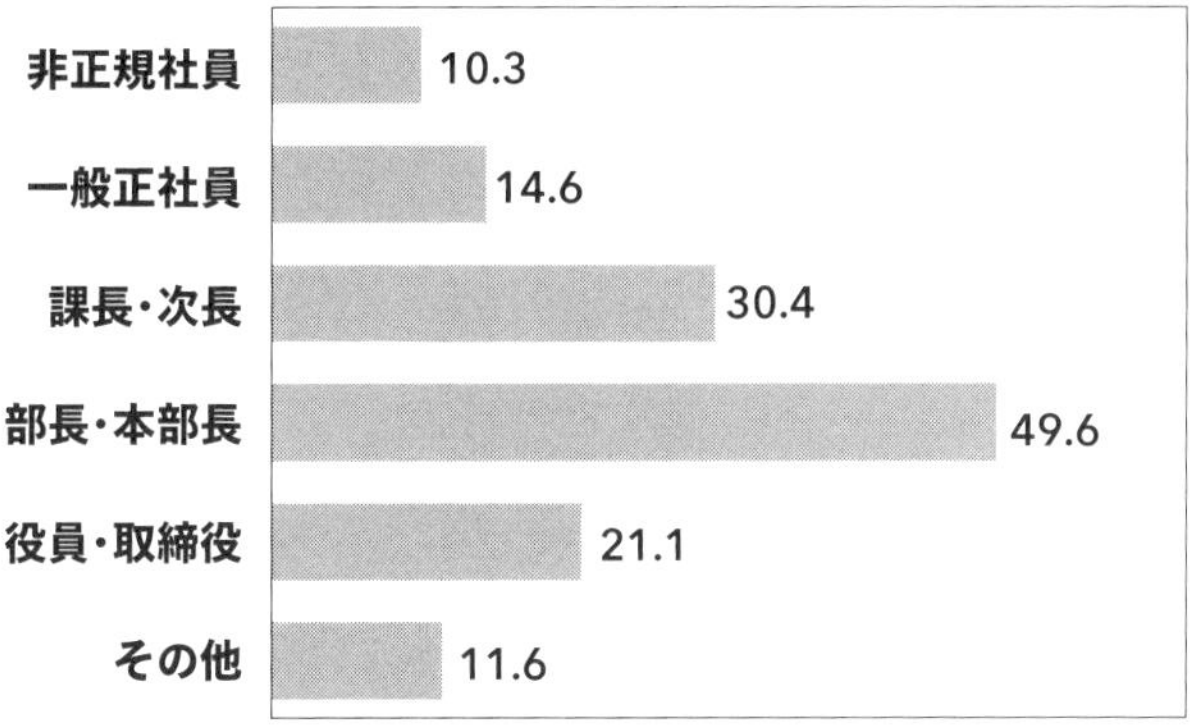

勉強時間と主観的幸福度（最も不幸せ:0〜最も幸せ:10）

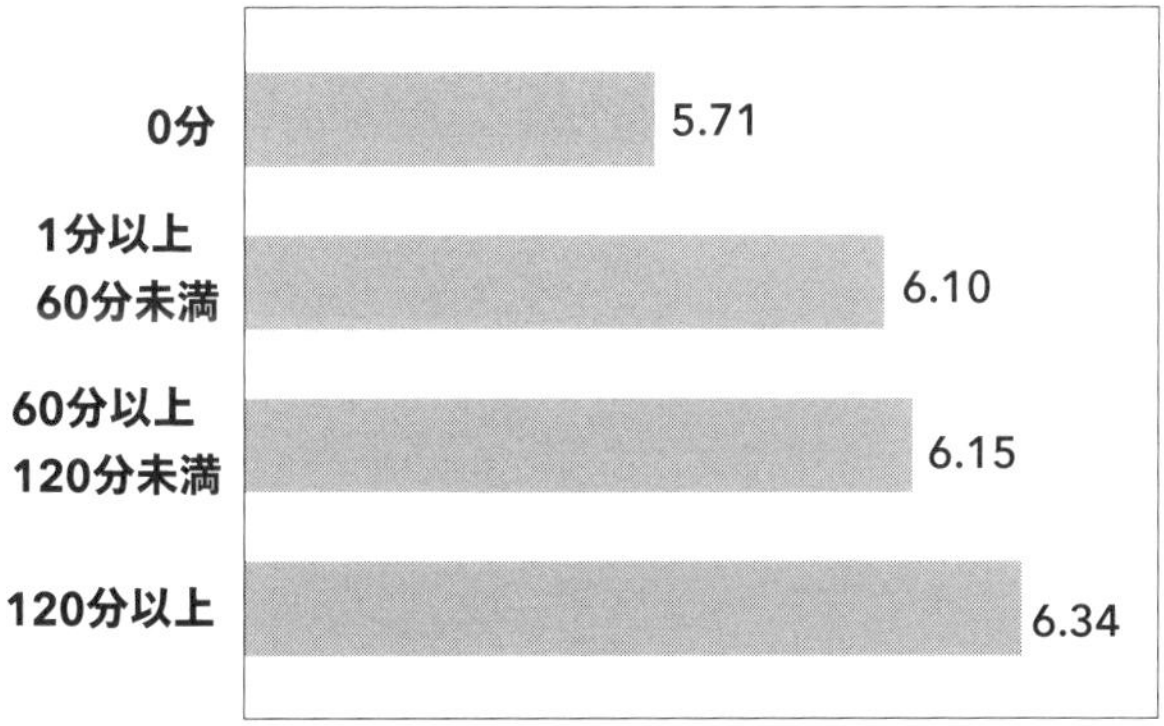

『働く社会人における日々の勉強時間と主観的幸福度の関係』
米良克美、グロービス経営大学院大学 紀要ー調査 No.0014_S（2023年11月 第2巻）より
https://www.jstage.jst.go.jp/article/globis/2/0/2_14/_pdf/-char/ja

論文があります。

それによると、日本の働く社会人では、日々勉強している人の割合は36％でした。

また、職位と年収が高いほど1日あたりの勉強時間が長く、さらに日々勉強している人のほうが「主観的幸福度、キャリア満足度、仕事能力に対する自信」が高いことがわかったそうです。

私が特に興味深かったのは、勉強時間と主観的幸福度の関係です。おそらく、勉強時間が長いということは何か目標があるのでしょう。目標に向かっているときにはモチベーションも高く、充実感もあります。その結果として出世し、出世したからこそ、勉強時間の多い人は幸福度も高いということなのかもしれません。

いずれにしても、社会人として成功するなり、夢を叶えていくには、**学生時代よりも多くの勉強をし続けることが必要**であるのは間違いありません。

「目標×感謝×勉強」で失敗と挫折を乗り越える

「荒木さんは勉強熱心ですね」

そう言われるのが自分でも不思議なほど、学生時代の私は勉強嫌いでした。すでに述べたように、**当時は勉強した先に自分の目標がなかった**からです。

もし学業成績さえ良ければスポーツ特待生になれるとか、試験にはサッカーのことばかり出題されるというのであれば、私はもっと真剣に勉強したでしょうし、多少は成績も良かったと思います（と思いたいです）。

それに対して、今は「勉強熱心ですね」と言われたら、照れくささも感じつつ、「はい、勉強しています」と胸を張って答えられます。

学び続けなければ私の描く未来観を実現できませんし、スタッフたちをそこへ連れていくこともできないからです。

経営の神様と言われるあの松下幸之助さんも、『素直な心になるために』（ＰＨＰ

文庫）の中でこう記しています。

　学ぶ心というものがなければ、結局は、自分自身が成長、向上しないばかりでなく、自分の属する共同生活の向上、発展を妨げてしまうのではないかと思います。


この言葉は、身に染みます。

そもそも経営者には、会社を存続させることで家族やスタッフの生活、お客さまの利便性などを守りつつ、社会に貢献していく——という重大な責任があります。

だから私は、この10年以上、前述の目標から逆算しつつ、自分に足りないことに出合うたびに１つ１つ勉強してきました。

実務知識だけではなく、心の在り方、経営者としての在り方も勉強したからこそ、失敗や挫折を乗り越えられたと思っています。

これも、私が経験から確認した成功法則の１つです。

「プライドよりも素直さ」の法則

何かを学ぶ上で、私が一番大事だと思っているのは、**素直さと行動**です。

自分で言うことではないかもしれませんが、私は**素直さとスポンジのような吸収力では、誰にも負けない自信**があります。

母にもそう言われて育ちました。その言葉は、母なりのほめ方、〝乗せ方〟だったのだとしても、私は素直にそう信じてきたので、やはり素直なのでしょう。

経営者同士の会話でも何か取り入れられることはないかと常に考えていますし、**社外にメンターをたくさんつくる**ようにしています（137ページ参照）。

また、自分の社内でも、わからないことはスタッフに聞きます。新人スタッフから何かを教わることもまったく気になりません。

自分より詳しい人なのだから、年齢や立場など関係ないと思っています。

先ほどの松下幸之助さんの本でも、こんな記述があります。


たとえば、他の人びとと日常ふつうの会話を交わしている際でも、何の気もなしにただ話をしているだけであれば、その場限りのものとなってしまうでしょう。けれども、そういう際にも、勉強する態度というか、学ぶ心というものを保っていたとするならば、相手のふとしたことばの中からハッと学ばせられるようなものを見つけ出すこともあると思います。


一方、他人から「こうしたほうがいいよ」と言われたときに、あまり〝聞かない〟タイプの人もいますよね。

あるいは、困っているのに相談に行かないタイプの人もいます。

馬耳東風《ばじとうふう》というか、我が道を行くというか……。意固地さやヘンなプライドが邪魔ないなと思うときもあります。

をして、他人の良いところを受け入れない人を傍《はた》から見ていると、ちょっともったいないなと思うときもあります。

私は大人になってから必要に迫られて、いろいろ本を読んだり、話を聞いたりするようになったのですが、たとえば、鎌倉時代に書かれた随筆『徒然草《つれづれぐさ》』にはこんな話が載っています。

京都にある仁和寺《にんなじ》の法師が、年をとるまで高名な石清水《いわしみず》八幡宮を参拝したことがなかったので残念に思い、一人で参詣《さんけい》することにしました。事前に、経験者から情報を得ておけばよかったのにそのまま出かけたものだから、石清水八幡宮が山の上にあるのを知らず、その麓《ふもと》の極楽寺《ごくらくじ》と高良《こうら》神社を参詣しただけで帰ってきてしまいます。しかし、本人は仲間の僧侶に「石清水八幡宮は尊かった。長年の思いを果たしました」と満足げに報告した――というエピソードです。

作者の兼好法師は、「ちょっとしたことであってもその道の先導者（教えてくれる人〉はあってほしいものだ」と書いていますが、これは現代でも多くの人に当てはまる教訓ではないでしょうか。

きっとあなたにも、「親や上司にアドバイスをもらいにいけばよかった」、あるいは「彼らからもらったアドバイスを素直に聞いておけばよかった」と後悔した経験があると思います。

たとえば、お風呂の汚れが簡単に落ちる洗剤が家にあるのにその存在を知らずに毎回長時間の掃除に苦労していたとか、「後で苦労するぞ」と忠告されても宿題をしなかったとか、海外旅行で「治安が悪い場所には行かないほうがいい」と言われていたのに興味本位で見に行ってお金を盗られたなど……いくらでもありそうです。

もちろん、素直さが取り柄の私にも、起業後に「もっと早く聞いておきたかった……」という先輩の金言《きんげん》はたくさんありました。

前述した「**自分の命をどう使うか？**」「**自分はどういう生き方をしたいのか？**」といった言葉もそうです。経営者として、人間としての軸を早くからもっと強固につくっていれば、しなくて済んだ失敗もあったからです。

もっとも、失敗を経験することは悪い面だけではありません。早めに失敗しておいてよかったという側面もありますから、あなたも今がどうであれ、大丈夫。

重要なのは失敗した後であり、「**今からどうするか**」です。

お互いに他人の良いところはスポンジのように吸収して、これまでのしくじりを経験として活かしていきましょう。

この本も参考にしていただけたら嬉しいです。

「やってから考えたほうがうまくいく」の法則

私は、研修や講演会、経営者仲間の集まりなどで良い話を聞くと、**すぐに自分でもやってみたくなります。**

もちろん、全部が全部はできないのですが、とりあえずやってみないと気持ちが悪いし、ムズムズするのです。

せっかく何かの縁があって出合った情報なのですから、とりあえずやってみます。**その時点では、成功や失敗のことはあまり考えません。**

もしうまくいかなければ、「なぜうまくいかないのだろう？」と考えて、自分たちに合うようにアレンジするか、別のやり方を考える——つまり、ＰＤＣＡサイクル（計画→実行→評価→改善）を高速で回す感じです。

特に、今私が学んでいるメンターの方々は、かなり良いご縁でつながった存在なので、彼らから教えていただいたことや対話していて気づいたことは、ほとんど実行しています。

ただし、「荒木さんはよく動いている」と言われても、まったくそんな実感はないのです。

動くことが習慣になっていることもありますが、そもそも**私の周りの成功されている経営者の方々は皆さんよく動いている**ので、私が人一倍行動しているようには思えないからです。

『トップ3％の人だけが知っている仕事のルール』（石原明著、KADOKAWA〈中経出版〉）には、成功の秘訣を聞かれた松下幸之助さんが、「あんた、雨の日には傘をさすやろ？」と答えた理由が解説されています。

――

つまり、雨が降ったら傘をさすように、お腹が空いたら食事をとるように、電話が鳴ったら出るように、誰でも普通のことをごく普通にする。それと同じように、「いいと思ったことや、やらないといけないと思ったことを本当にやった人が成功する」ということなのです。

もしあなたが、いろいろ考えすぎて行動に移せないタイプの人ならば、松下幸之助さんの教えに倣って、「**こうなったらこれをすぐやるのは当たり前だ**」というイメージを持つようにしてはどうでしょう？

火傷をしたら水で冷やすとか、誰かに会ったら挨拶をするとか、汗をかいたらお風呂に入るでもいいと思います。こう考えたら、やらないことが不自然に思えてくるから不思議ですよね。

あなたもこうした喩《たと》えを自分で面白がって考えてみてください。腰も、足も軽くなると思います。

寝ても覚めても考えている人には勝てない

思いついたことはすぐに行動に移す人は、それ以前から**そのことを常に考え続けている**人でもあります。

たとえば、ロサンゼルス・ドジャースの大谷翔平選手は新人選手の頃から24時間365日、野球のことだけを考えていた——というのは有名な話ですよね。日本時代には先輩から飲み会に誘われても参加しなかったそうですし、アメリカでは毎年遠征に出るニューヨークの街を観光したことがないという逸話が話題となっていました。

そうした行動を**「努力」と思わないほど当たり前にしている**からこそ、彼はあれほどの選手になれたのでしょう。

また、大女優の大竹しのぶさんも、テレビでこんな話をされていました（『中居正広の金曜日のスマイルたちへ』ＴＢＳ）。

大竹さんが若い頃、舞台『奇跡の人』に出演していたときには、夢の中でも役になり切っていて、寝言を手話のようにして話していたそうです。そして、舞台を終えたら途端に、ピタッとその寝言もなくなったのだとか。

大谷選手にしても大竹さんにしても、天才的な素質を持った人にこれだけの努力をされたら、凡人は勝てません。

でも、**世の中のほとんどは凡人です。**凡人同士の競争です。

しかも、私たちは専門分野におけるトップ中のトップになりたいわけではありませんから、人よりも多く考えれば——寝ても覚めても仕事のことを考えたら、誰でも成功するチャンスはあるはずです。

たとえば、素晴らしいアイデアを出す人や、的確なアドバイスができる人に共通するのは、そのことについて考えている時間の多さです。

人よりたくさん考えているから良いアイデアが出るし、人よりたくさん見ているから、いざというときに的確なことが言えるわけです。

だから、**凡人の私は、常に「仕事と人」のことを考えています。**

仕事だけではありません。**家族やスタッフのことも、です。**大谷選手だって、結婚してからは、奥様とワンちゃんと過ごすときには100％向き合っているはずですよね。

私は「24時間働きましょう」と言っているのではありません。要は、メリハリをしっかりつけて、家族や友人も大事にしつつ、就業中以外の時間も、頭のどこかで仕事のヒントについて考え続けるということです。

家族と遊んでいても、どこかに出かけても、**素直に学ぶ**心があれば自然にいろいろ学べることがあるはずですから。

「ノウハウよりも『心ファースト』」の法則

先ほど、起業後に「もっと早く知りたかったことがある」と書きました。その1つが、経営者が学ぶべきことの順番です。

経営者が学ばなければいけないことはいろいろあります。たとえば、次のようなものです。

業界や市場、商品やサービス、経営戦略、ビジネスモデル、財務、マーケティング、営業、法務、税務、マネジメント、リスクマネジメント……などなど。

もちろん、いきなり全部をマスターするのは無理なので、優先順位をつけて走りながら理解していくことになるのですが、創業して12年が過ぎた今、私が当時の自分に学ぶ順番をアドバイスしてあげるとするなら、最初に来るのは「**心の在り方**」です。

なぜなら、この部分だけは他人に任せられませんし、実務面以上に、会社のその後の在り方を決定づけるからです。

これは**経営者に限らず、会社員の方や学生さんも同じこと**なので、ご自分の立場に置き換えて読んでください。

学ぶ順番は「感謝の大切さ」から

心の在り方とは、まずは「**感謝の大切さに気づくこと**」です。

これまでも記してきたように、感謝の中から、素直さや行動力、モチベーション、ビジョンなどが生まれてきます。

次に、自分はどう生きたいのか？　どのように自分の命を使いたいのか？　という信念をつくること。ここが強固にできていれば、判断軸がブレなくなります。

私も早い時期から「**人のため＝自分のため**」という他人軸で生きてきたつもりです

が、メンターの助けを借りて信念をつくり上げてみると、肚《はら》の据わり方がまったく違う感覚があります。

経営を軌道に乗せるには実務知識やノウハウも大事なのですが、それだけを追い求めていると、必ず行き詰まってしまうでしょう。

心の在り方が整っていれば、しなくてよい失敗も避けることができます。仮に失敗してもレジリエンスが高いので、立ち直りやすくなります。

また、事業をしていれば自分ではどうにもならない事態に陥ることもあります。そのときに他人軸で生きている人は、周囲にも助けてもらいやすいのです。

セルフコーチングとの出合い

心の在り方をつくる上では、**複数のメンターとセルフコーチングとの出合い**がが大きな助けになりました。

時系列で言うと、比較的最近の話なのですが、まずはセルフコーチングの話からしたいと思います。

セルフコーチングを学んでみようと思ったのは、創業以来10年ほどの間、常に何かに追われるように経営してきて、ふと「何か違うな」と思ったことでした。

□**本当に自分の使命に向かっているのか？**
□**自分の命の使い方として今の状況は良いのか？**
□**このまま行って、自分は楽しめるのか？**

――そんなことをしきりに考えるようになったのです。

セルフコーチングとは、指導者から教えを受けるとか、具体的な答えをもらうのではなく、**自分をしっかり見つめ直して、どうやったらもっと成長できるかを自ら考えていく手法**です。

もともとコーチングは、コーチが対話の中からクライアントの中にある答えを引き出し、自己実現を助けていく手法であり、基本的にコーチの側から積極的に解決策を示すことはありません。そこがコンサルティングとは違うところです。

セルフコーチングの場合は、そのプロセスを自分一人で行っていきます。

私はこのプログラムを12ヵ月にわたって受け、その間に前述のライフラインチャートをつくりながら、**「自分は何のために生まれてきたのか？」**と、かなり一生懸命に考えました。

そこで私が改めて確認した答えが、**「人を照らす存在になりたい」**であることなどはすでに書いた通りです。


1つ付け加えるならば、この当時、自分が抱えていた感情は、

「社長と呼ばれて、社長という役職で生きていたけれど、**荒木俊という一人の人間としては生きていない**のではないか」

という違和感でもありました。

自分がしっかりしないといけないとか、家族を守らないといけないとか、人が離れていったらいけない――といった責任感が強すぎて、失敗を怖がってはいないつもり

が、心の奥底では怖がっていたのです。

また、社長という仮面を通してスタッフと付き合っていくマネジメントスタイルが、苦しくなっていた時期でもありました。

本来の私は、**情熱を持って本音の意見を交わし、自分の弱みも見せながら仲間として成長していきたい人間**です。その乖離《かいり》があることも、モヤモヤしていた原因だと気づきました。

その一方で、私は中小零細企業の最大の問題である財務管理に対しても、税理士さんなどから学び、きちんと向き合ってきたつもりです。

たとえば、前述のように従業員が3人の時代——法人化する2年ほど前から中期経営計画を立ててきました。そうしたロードマップをつくった上で、銀行などの関係者を経営計画発表会にお呼びして自分たちがどこをめざしているのかを説明してきました。

また、銀行の方と話すときには、税理士さんではなく私が損益計算書や貸借対照表などをもとに話しています。

1日1日の数字が見える日繰《ひぐ》り表（日次資金繰り表とも言う）を1年先までつくって自分で管理しているので、**半年後に会社のキャッシュがどうなっているのかもすべて私の頭に入っています。**

そうやって、いかに潰さない会社をつくるかを、人一倍考えて財務基盤をつくってきました。

これから起業を考えていらっしゃる方は、私が目標や感謝を語っているだけではないことにくれぐれもご注意ください。

「人（メンター）との出会いで人生が変わる」の法則

あなたが、今までできなかったことができるようになりたい、あるいは今までよりも人間的に成長したいと思っているのならば、**たくさんの人に会う**ことが鉄則です。会って彼らから学ぶことが近道です。

この場合の「人」というのは、広い意味でのメンターということになります。

私の理解で言うと、メンターとは、次のような条件のどれかに当てはまる人です（かなり広い意味になりますが）。

□ **自分がやっていること、やりたいこと、知らないことの専門知識や経験を持って**

メンターの存在が自分の軸を強固にしてくれる

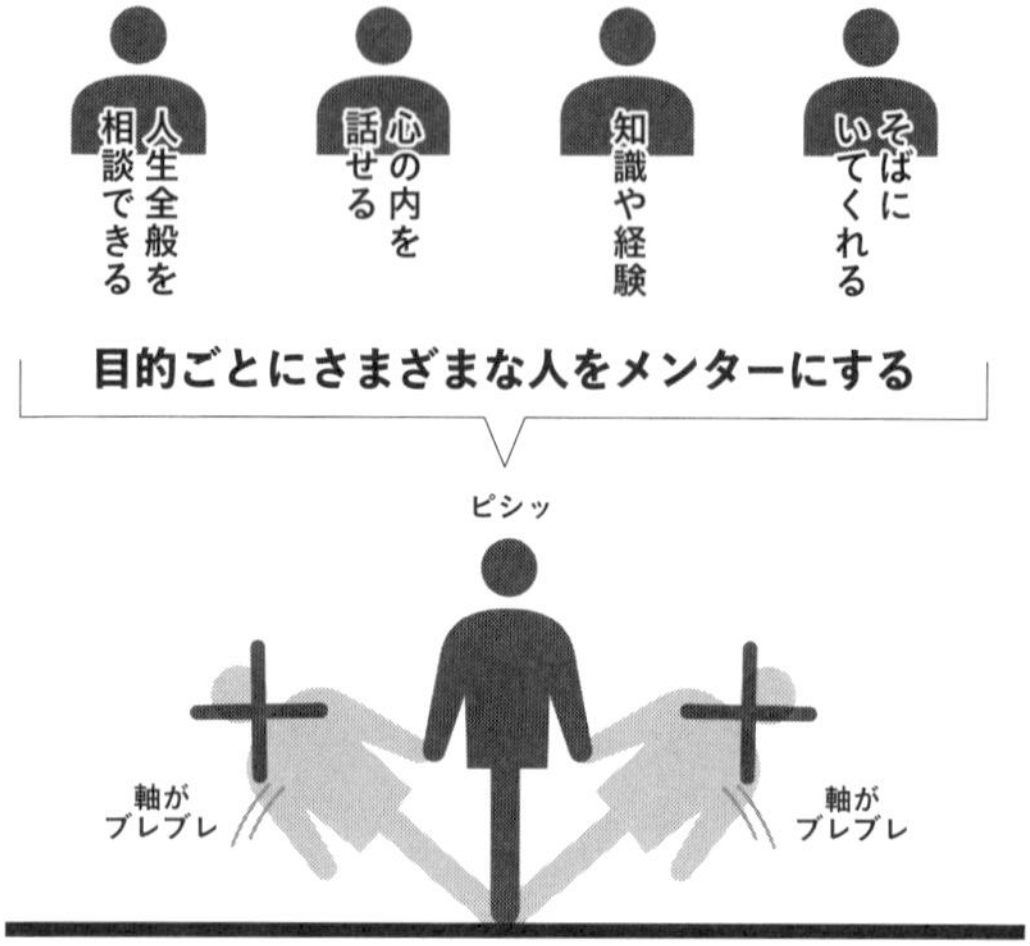

いる人

□人生全般の相談ができる人

□年齢を問わず、フラットな関係で、心の内を何でも話せる人

□ただ、いてくれるだけでいい人

□知り合いではないが、動画や本でいつも会いたい人

こうしたメンターをつくることの大切さは明らかですよね。

Meta(旧称Facebook)の創業者であるマーク・ザッカーバーグも、アップル創業者のスティーブ・ジョブズをメンターとしていたそうですし、成功した経営者には必ず複数のメンターがいます。

経営者は孤独であり、時に〝裸の王様〟になってしまうこともあります。だから、成功している経営者の多くは、その目的ごとに、様々なタイプの人をメンターとしているはずです。

私にも多くのメンターがいます。

その中でも特に大きな影響を受けてきたのは第２章でも述べた永松茂久さんです。

永松さんは書籍の発行部数が４００万部を超えるベストセラー作家でもあるので、『人は話し方が９割』（すばる舎）などの作品でご存じの方も多いと思います。

「目の前の人を大切にする」
「自分軸を他人軸に変える」
「人生で3人のメンターをつくる」

といったことも永松さんから教えていただいたり、著書から学んだりしたことです。

もう一人は、お名前は出せませんが、前述した「**命の使い方**」や「**何のために生きているのか**」を問いかけてくださった方です。

そのメンターの方は、セルフコーチングと同じで、答えを提示してくれません。対話の中で私が自分自身と向き合って答えを出すように導いてくださいました。

出会ってから一年半で、当社の売上は2億円も増えました。心の在り方がいかに重要か、改めてわかった思いがします。

そのほかにも、メンターと呼べる方はたくさんいらっしゃいます。

8年間ほど顧問税理士としてお世話になっていた佐賀市の税理士さんも、機会があると相談に乗ってもらっていたので、広い意味でのメンターです。

実は、会社の規模が大きくなってきたことから、1年前から顧問税理士を大阪の会社に変更させていただいたのですが、今年の経営計画発表の場にその方もお呼びして、聞いていただきました。

今は顧問ではないので本来は出席していただく必要もないのですが、その方のおかげで今の私たちがあります。だから、ここまで育てていただいた税理士さんに、この1年間の成長を見てほしかったのです。

また、10代の頃に仲間が去る中で一人残ってくれた友人もそうですし、独立を勧めてくれた元上司のAさんもそうです。

永松さんを紹介してくれた佐賀にある電気工事会社「株式会社kansha（感謝）」の社長さんにも、文字通り感謝しています。

こうして振り返ってみると、**人生の1年1年、キーポイントとなるときにいろいろな人と出会い、助けていただきました。**メンターのみなさんの職業も年齢もタイプもバラバラですが、私にとっては絶対に欠かせない存在でした。

メンターを探すときの注意点

だから、あなたも、自分の周りでメンターを見つけてみてください。

ただし、そのときには注意点もあります。

Forbes JAPANのサイト（2020年1月22日）に、私も大いにうなずける記事がありましたので、その概略だけ紹介します。

記事の著者Caroline Castrillon氏は、「メンター探しで避けるべき5つの過ち」として、次の項目を挙げています。

1 キャリアの目標が不明確

2 万能なメンターを求める

3 自分よりも経験豊富な人だけを候補にする

4 自分と全く同じような人を探す

5 一方通行のメンター関係をつくる

たしかに、これはありそうです。

私の場合は、困ったときにその都度会った人がメンターになっていたので当てはまらないのですが、一般的にメンターを探すとなると、このような発想になってしまうのもわかります。

しかし、137ページで挙げたメンターに当てはまる人の条件を参考にしていただくと、それが勘違いであり、**いくらでもメンター候補がいる**ことがわかるでしょう。

私の経験からもう1つ付け加えるなら、信念がしっかり定まっていないうちに、いろいろ話を聞きすぎないことでしょうか。

場合によっては、会う人会う人に影響を受けて、軸がブレブレになってしまう可能性があるからです。よく、とても素直で良い人だけれど、「最後に会って話した人の言うことを聞いてしまう」という人がいますが、極端に言えばそういうことです。

一時期の私も「人が好きすぎて」そうなりかけていましたので、ご注意ください。

「『報告』を怠る人は成長しない」の法則

あなたは、誰かに相談を持ちかけたり、アドバイスを受けたりした場合、その後にどんな行動をとっていますか？

なぜこんな質問をするかというと、せっかくの学びのチャンスを十分に活かしていない人が多い気がするからです。

一番もったいないのは、**何も聞きに行かない**こと。

次にもったいないのは、**せっかく教えてもらったことを実行しない**こと。

そして、三番目にもったいないと思うのは、**実行した結果を報告しない**ことです。

職場の上司やメンターが相手なら当然報告をするでしょうが、そうではない関係者や初対面の人に対してはどうでしょう？　お礼状やメールを送る人はともかく、アドバイスの結果まで報告している人はかなり少ないのではないでしょうか。

ちなみに、私の場合は、次のような対応を心がけています。

1　面談中に、議事録をとりながら話を聞いてよいか許可を求める（書くものがないときはスマホで）**。その後、対話の中で自分が感じたこと、学んだこと、これから自分が実行することなどを整理してまとめ、お礼状としてお送りする。**

2　実行したら「実際こういうふうになっています」と中間報告をする。

3　一通り実行した結果と、そこで感じたこと、学んだこと、さらに相談したいことを具体的に質問する。

私がここまでするのは、**感謝の気持ち**からです。面談の後に途中経過を報告しないのは、時間をとって教えてくださった方に失礼だと思うからです。

それに、アドバイスは実際に自分でやってみて、その結果をもとにさらに研究していかないと、本当には身に付かないと思うのです。

と、偉そうに書いてはいますが、これは私も数年前にメンターから注意されて気がついたことでした。

そのときに、報連相（報告・連絡・相談）をする意味や、中間報告と結果報告の大切さをこんこんと指摘されて反省しました。

「こんなふうに行動したら相手は喜んでもっと親身になって教えてくれる」――から報告するのではありません。**相手への感謝としてやる**ということです。

この真意については、うちのスタッフたちにも教育しています。

「早く解決したければ人に話せ」の法則

学びに関しては、必要なものを自ら学びにいく場合と、日々の仕事の中で課題にぶつかるたびにそれを解決しながら学んでいく場合がありますよね。

そのうち後者に関しては、私は『**人生ゲーム**』と『**わらしべ長者《ちょうじゃ》**』をイメージしています。そうすると、**学びも楽しくなる**のです。

まず『人生ゲーム』とは、すごろく形式で駒を進め、人生におけるイベントを経験しながら億万長者をめざすボードゲームです。

私は億万長者をめざしているわけではありませんが、日々の経営の中で出合うイベントやトラブルに向き合っていると、リアル人生ゲームをプレーしているような感覚になります。

つまり、テストのような正解のない課題に取り組んで、その結果を「自分の答え」にしていくことがゲームのように楽しいのです。

次に『わらしべ長者』ですが、これは日本のおとぎ話です。

財産として1本の稲藁《わら》の芯しか持っていなかった青年が旅に出ます。トラブルを抱えて困っている人がいたので事情を聞くと、そのときに自分が持っている物が役に立ちそうなので、それを相手に分けてあげます（例＝下駄の緒が切れていた人に自分の藁をあげる）。すると相手はそのお礼に別の物をくれます。こうした交換を繰り返しているうちに少しずつ豊かになり、最後にはお金持ち（長者）になった——という話です（この話にはいろいろバリエーションがあるようなのですが、話の骨格は変わりません）。

この話は、単なるラッキーな物々交換の話ではないと思います。

最初に持っていた1本の藁を「知識」に、また青年の旅を「仕事・人生」に、そして困っている人を「お客さま、同僚、友人」と考えてみると、この話のイメージが変わってきます。

困っている人に対して、その時点で持っている知識と実力をフルに使って問題を解決すると、相手から感謝された上に経験と知識を得られます。

これを繰り返していけば、「できること」が増えていき、人のために、より役に立てる存在になっていくというわけです。

こんなふうに捉えていくと、学び続けることや、難しい課題にぶつかることが楽しく感じられますよね。

気づきや解決策はみんなで共有すると成長が加速する

ところで、こうした日々の気づきや課題は、一人で抱え込むよりみんなで共有したほうが、お互いの成長が早くなります。

たとえば、他人の悩みに対してはすぐに気づくし、的確なアドバイスもできるのに、自分のこととなると課題に気づかず、良い解決策も浮かばないのが人間の面白いところです。

だから私の会社では、日々の課題を「**1日1日の気づきメモ**」として幹部スタッフで共有しています。

それぞれが、その日に気づいたことや課題をグーグルの「スプレッドシート」に、1日に1個と言わず、気がついた数だけ書き込みます。思考が動いていく様子も含めてどんどん書いていくのです。

私も、スタッフたちの書き込みを見ながら常にアンテナを張っているので、内面の成長も悩みも自然にキャッチできます。

先日、私が感じたのは、**他者への感謝の気持ちや柔軟性、素直さなどをみんなが着実に積み上げている**ことでした。営業のアクションプランにもそれらが表れていたので、「良い仲間と仕事ができて幸せです」とフィードバックしました。

もちろん、気づきメモに参加している私自身も、みんなのおかげでどんどん成長させてもらっているのです。

あなたも自分の気づきや課題は、社内や社外の信頼できる仲間と共有し、みんなで解決していくことをおススメします。

「学ぶなら動画よりもウェブよりも『本』が最強」の法則

この章の最後では、学びに関するもう1つの調査結果をご紹介したいと思います。

マイナビキャリアリサーチLab編集部がまとめた調査結果（『「読書量が多いと年収は高い」は本当か』）から、「管理職と読書」というデータを見てみます。

これを見ると、管理職のほうが読書量が多く、**部長クラスの人たちが最も多く本を読んでいる**ことがわかります。

この傾向は、前述の『働く社会人における日々の勉強時間と主観的幸福度の関係』とほぼ同じですから、やはり**仕事で成功したいのであれば、学び続けることは欠かせない**ということでしょう。

管理職の読書量（マイナビ調査より）

	合計	0冊	1冊未満	1冊	2冊	3～4冊	5～7冊	8冊以上	計1冊～2冊	計3冊以上
全体	(1444)	41.3%	24.7%	9.5%	9.5%	8.7%	2.4%	3.9%	19.0%	15.0%
一般社員・職員	(1015)	41.6%	24.8%	9.1%	9.4%	8.5%	2.4%	4.3%	18.5%	15.2%
係長・主任相当	(77)	32.5%	37.7%	13.0%	6.5%	7.8%	1.3%	1.3%	19.5%	10.4%
課長補佐担当	(16)	43.8%	12.5%	12.5%	25.0%	6.3%			37.5%	6.3%
課長担当	(67)	32.8%	20.9%	11.9%	17.9%	11.9%	3.0%	1.5%	29.8%	16.4%
部長担当	(38)	26.3%	26.3%	2.6%	7.9%	23.7%	2.6%	5.3%	10.5%	31.6%
役員相当	(16)	37.5%	18.8%	12.5%	18.8%		6.3%	6.3%	31.3%	12.6%
その他（FA）	(215)	48.8%	20.5%	10.2%	7.0%	7.4%	2.8%	3.3%	17.2%	13.5%

最近は、動画でサクッと学ぶ人も多いかもしれません。それも1つの学び方ですが、本のほうが情報量が多いので深い学びが可能なのです。

では、あなたの読書量はどうでしょうか？

もし、過去1ヵ月の間に（本書以外に）1冊も読んでいないのなら、かなりヤバいかもしれません。本を読んでいないのであれば、他の手段で勉強している可能性が低いからです。

人生を変えたいあなたにおススメしたい3冊の本

ここでは「人生を変えたい方へおススメしたい本」をご紹介したいと思います。感銘を受けた本は他にもたくさんあるのですが、今日の時点で特に3冊を選ぶなら、次のようになります。

□ **『心の壁の壊し方──「できない」が「できる」に変わる3つのルール』**（永松茂久著、きずな出版）

□ **『感動の条件──あなたの一生を1時間で変える本』**（永松茂久著、ロングセラーズ）

□ **『リーダーシップがなくてもできる「職場の問題」30の解決法──上司と部下の信頼関係を築く「聞き出し、共有して、改善する」3ステップ』**（大橋高広著、日本実業出版社）

永松茂久さんは、先にも記したように私のメンターのお一人です。

これらは私の人生を変えた3冊と言える本ですので、ぜひお読みいただければと思います。

第4章

本音×情熱＝心が動く共鳴力

——人を大切にするマネジメント

「成長に一番大事なのは『環境の変化』」の法則

次に考えていきたいのは、職場の仲間とのコミュニケーションやリーダーシップの大切さです。

大きな目標を成し遂げるには仲間との協力が欠かせません。

何よりも、**成功や幸せ、楽しさは、大勢で分かち合ったほうがより大きくなります**よね。

それに、私は紆余曲折を経ながらも、人とのご縁によってここまで生きてくることができた人間です。いろいろな人との出会いによってチャンスをいただき、周りの人たちに支えられ、少しずつですが自分にできることが増えていきました。

だから、起業したときには、「**今度は自分がそうした仲間集めをしたい**」と思いました。

スタッフ一人ひとりが目標を持ち、できることが増え、共に成長し続ける会社をつくりたいと思ったのです。

私の至らなさからここまでに失敗（＝体験）もありましたが、1つ1つの縁を大切にしてきた結果、ものすごく愛にあふれた人たちが集まってくれました。

一緒にいられるだけで幸せと思える仲間たちです。

この第4章では、成功したい方はもちろんですが、**人を大切にしたい方にぜひ読んでいただきたい**ことを記しました。リーダーとしてめざすことや人間の見方、相手の心を動かすコミュニケーションのコツなどです。

今、管理職でない人も、ここで紹介することを周りの人とのコミュニケーションで参考にしてみてください。少しずつですが、あなたを含めてみんなが幸せになり、みんなが成長していくはずです。

会社とは、できなかったことをできるように変え続けていく場所

まず、リーダーとしてめざしていることですが、私は、会社とは「できなかったことをできるように変え続けていく場所」だと思っています。

そして、その環境を一人ひとりのスタッフに対してつくってあげるのがリーダーの役割です。

「できるようになる」とは、たとえば、こういうことです。

- □ **初めて社会に出る学生さんが仕事をおぼえる。**
- □ **前の職場では力を発揮できなかった人が、転職した先で活躍する。**
- □ **新しくできることが増えていき、職階が上がる。**
- □ **会社の関連多角化に伴い、これまでとは別の領域の仕事もできるようになる。**

□成長して私を超えてくれる。

私自身も、できないことをできるようにしてきたという自信がありますが、それは他人《ひと》から成長できる環境を与えていただいたから可能だったということです。

成長するためには、本人の実力や努力よりも環境の要因のほうが大きいことは、植物に喩えるとわかりやすいでしょう。花が咲いて実をつけるのも、あるいは、芽が出なかったり枯れたりするのも、周りの環境次第です。

逆に言えば、何らかの事情でやりたかったことができなかった人や、これまで十分に評価されてこなかった人、消極的な性格で良い部分を表現できていなかった人なども、**環境次第でその個性を活かせる場所、生きる場所が必ず見つかる**のです。

中国の巨大テクノロジー企業である「アリババグループ」の創業者、ジャック・マーも、こんなふうに言っています。

リーダーが果たすべきもう1つの役割は、自分のチームのメンバーの1人1人が持つユニークなスキルを発見することだ。

この世界に悪い社員はいない。悪いリーダーと悪いシステムがあるだけだ。1人1人の労働者の可能性を、消耗させるのではなく、注意深く育てていこう。

『ジャック・マーの生声《なまごえ》 本人自らの発言だからこそ見える真実』
(スク・リー、ボブ・ソン編集、松山むつみ訳 文響社)

会社の規模は違いすぎますが、**私は私なりの力で、自分の会社に入ってくれたスタッフには、光を当て、水をやり、その人に合った適切な環境を与えてあげたい。**その人に合った素敵な花を咲かせてあげたい。

そのために、経営者として職場の人間関係を良くするように努力し、表には出ていない一人ひとりの長所をよく見ています。

一方で、スタッフたちには専門資格を取って業務領域を広げること(たとえば電気

↓電気通信）や、マネジメント能力を身に付けること、別の事業の経営（運営）にチャレンジすることなどを求めて（推奨して）います。

それは一人ひとりの個性の発揮というだけではなく、会社の未来から見たときに必要なことでもあります。

現在から未来を見るのではなく、未来から逆算したときに、**「一人ひとりがこんなふうに変わっていかないと、みんなが輝く未来は実現できないよね」**ということも常に話していて、時には厳しく接することもありました。

しかし、今はスタッフたちもそのことをしっかり理解してくれているようです。

「『見えるもの』だけで判断してはいけない」の法則

以前、当社のスタッフをほめてくださった方から、「荒木さんは人を見るときにはどこを見ていますか？」と聞かれたことがあります。

自分ではハッキリ意識していませんでしたが、相手の良いところを探す上でどんなことを心がけてきたのかを、この機に改めて整理してみました。拙《つたな》い経験ですが、リーダーとしての人間の見方の参考になればと思います。

その人の良し悪しは、外見ではなく行動で判断する

わかりやすいところで言えば、私はその人の外見（服装、持ち物、装飾品など）だけではなく、**他人に対してどういうふるまいをしているか**という行動の部分を見ています。

そういえば、以前、お金持ちの経営者が集まるチャリティーイベントがあり、その運営をお手伝いする形でうちの幹部スタッフと一緒に駐車場の交通整理をしたことがありました。そのときにスタッフに話したのが、まさにこのことでした。

私はスタッフにこう質問しました。

「この中には、とても優秀そうな人もいるし、イケメンや美人もいるし、超高級車に乗っている人もいれば、愛人らしき若い女の子を連れている人もいる。○○さんはどこをどう見て、『ああ、この人は良いなあ』と思う？」

そのスタッフは突然の質問にうまく答えられなかったのですが、私が伝えたかったのは、こういうことです。

「我々が交通整理をしているときに、**ちょこっとでも頭を下げてくれたり、『ありがとう』と言ってくれたりした人**は、いいなあと思うし、ものすごく苦労して上がってきた人間なのかなと思うよ。外れているかもしれないけどね。逆に、偉そうな態度が表に出ている人たちは、お金持ちで能力がすごく高くても、階段を一歩ずつ上ってきた人ではないのかな。これもわからないけどね」

私がそのスタッフに対してこんな話をしたのは、**会社を経営していく苦しみは、結局、「人」に関する苦しみ**だからです。

経営をしていればどこかで業績がガタッと落ちたり、失敗したりするときがありますが、そのときに、相手に敬意を払えず、人間関係を大切にできない経営者は、そこから這い上がるのが、より大変になります。

「その人の生き方なので、何をどう選んでもいいけれど、**人とモノとお金のどれを重視するか**で、這い上がれるかどうかが変わってくるよ」

幹部スタッフである彼には、このことを伝えておきたかったのです。

その人の背後にある事情や長所を想像する

ただし、行動だけで相手を判断するのも違うと思っています。

たとえば、私が人前で話すときに感じるのですが、聴衆の中には私の話のどのポイントでも大きくうなずきながら聴いてくれる人がいます。

一方で、ずっと無表情で聴いていて、どこかのタイミングで深くうなずく人もいます。

話す側としては、前者はとても助かる存在です。でも、本当に感心して聞いているのかはわかりません。逆に後者は、とてもやりづらい存在ですが、確実に感心してくれています。

どちらが本当に良い聴衆かは、簡単に決められません。

素直に謝れる人と謝れない人の場合もそうです。

謝れる人は、素直ですが反射的に反応できる人でもあります。悪気なく、社交辞令的に謝れる。可愛く、「テヘッ、ペロッ！」と舌を出せるイメージです。

でも、謝れない人は不器用ですから、心の中で反省はしていてもそれをうまく表に出せないのかもしれません。謝れるから良い人で、謝れないからダメな人だと決めつけるのは拙速に過ぎます。

こんな話もあります。

知人から聞いた話ですが、彼が高校生のときに、同じクラスにちょっと個性的で、仲間内から孤立している感じの同級生がいました。いじめられているのではなく、自らの意思で集団行動には加わろうとしないのだそうです。

「ちょっと変わったやつだな」

「なんで、あいつは自分たちから遠ざかろうとするのだろうか」

そう思って、知人はその同級生に対して、あまり良い感情を持っていませんでした。

ある日、国語の課題でエッセイのようなものを書いたときに、その同級生は「**人にはそれぞれ理由《わけ》がある**」という作品を発表したのですが、私の知人はそれを読んで、反省したというか大きな気づきがあったと言います。

そのエッセイには、個性的な同級生がなぜ周囲と積極的に交流しないのかということについて、その理由がうかがえる内容がつづられていました。

どうも、過去に集団内の友人関係で裏切られたことがあり、他人には期待しないし、「自分の身は自分で守る」というスタンスで生きてきたようなのです。

また別の生徒からの情報によると、その同級生はこんなことも言っていたそうです。「人は綺麗事を言うが、いざというときには助けてくれなかった」と。

そんな彼の事情を理解しようともせず、「何をするにもみんなで」といった自分たちの価値観を一方的に押し付けるのは間違いだった――と私の知人は気づき、そのときから人の見方が変わったというのです。

私も、同じ考えです。

常に、**相手の背後にある事情や長所を想像する**ようにしています。

たとえば、こんな感じです。

「この人がこういう態度をとるのは、なぜなのだろう？　新卒で入った会社がこういう文化だっただけであって、本人にはまったく悪気はないのかもしれないな」
「この人が素直に謝れないのは、うまく表面に出せないだけで、心の中では悪いと思っていて、謝罪の言葉が喉まで出かかっているのかもしれない」
「なぜこの人はこんなに誰にでも優しく、敬意を払えるのだろう？　素敵なご家族なんだろうな」

なお、この想像は外れてもいいのです。

目的は、**その人を「見えるものだけ」で判断しない**ためであり、相手の事情（理由）を推測することで、自分のコミュニケーションの改善点も探そうとしているからです。

大事なのは、その人に対して、もう一歩奥まで深く考える癖をつけることです。

その人の家族のことまで想像する

背後といえば、**私は相手の家族のことまでいつも考えてしまいます。**

「この人が元気なく帰ったら、家族はどう思うかな？」

「（良いときも悪いときも）この人は家族の前でどんな顔をするのかな？」

私のこんな発想は、実は子供の頃から出来上がっていたと思います。

たとえば、中学のサッカー部では、キャプテンとして常にチーム全体のこと、試合に出ていないサブメンバーのことまで考えてプレーするように育てられました。

ここまでなら普通のキャプテンでしょうが、私の場合は、グラウンドの周りで観戦している仲間の家族に対してまで、「**この人たちに喜びと感動を与えてあげたい**」と意識していました。

試合中にそんなことまで考えている中学生は珍しいかもしれませんね。

この原稿を書いている数日前にも、会社でこんなことがありました。

グループ全体の会議を終日開いていたところ、終了が17時を過ぎてしまいました。そこから2時間かけて帰宅する人もいるのですが、家でお腹を空かせて待っている家族のことが浮かんで、「今から帰って夕食をつくるのは大変だろうから……」と、お弁当代を渡すことにしたのです。

自画自賛になってしまいましたが……、そういう発想が常に降りてくるのは、やはり自分にとって「**家族を笑顔にするため**」というのが原点だからでしょう。

ちなみに当社では、「**親孝行手当**」という制度をつくっています。月に数千円ですが、ご両親でもいいし、おじいちゃんおばあちゃんでもいいので、一緒に食事をしてほしいという意味で一律に支給しています。

自分の価値判断はすべて消し去った上で話を聞く

会話の中身についていえば、私が心がけているのは、自分の価値判断をすべて消した上で、フラットな状態で相手の話を聞くことです。

たとえば、**スタッフからの意見や提案に対して、自分の経験から頭ごなしに「良い・悪い」を決めつけません。**

以前、スタッフと話しているときに、自分の経験と照らし合わせて「それは違う！」という想いが出てしまい、反省したことがありました。

それは、2つの意味で問題があるのです。

1つは、スタッフが委縮してしまい、意見を言わなくなること。

もう1つは、創業以来、アイデアは私の引き出しから出してきたので、スタッフがいざ困ったときに自らアイデアを出せなくなることです。アイデアを絞り出す経験をしていないから、できなくなってしまうのです。

これではダメだと気づいてから、私は一切、自分の価値判断を消した上で、まずは話を聞くようになりました。

「信頼関係だけは効率化不可能」の法則

職場でもプライベートでも、コミュニケーションの手段が多様化し、便利になっています。

時間や場所を選ばずにメンバーがやり取りを共有できるグループチャットやアプリもありますし、リモートワークも普通になっています。

それはとても良いことですが、最近、スタッフたちがもっと私と面談や雑談をしたいと思っている節があり、そういえば会話が減っていたかなと反省したところでした。

やはり、**信頼関係をつくるコミュニケーションだけは効率化してはいけない**のでしょう。

あなたも、知らず知らずのうちに部下や同僚、家族、友人に対してやってしまっている「効率化」があると思います。

ここでは、スタッフとの面談において私が心がけてきたことをいくつかご紹介したいと思いますので、日頃の行動を振り返る参考にしてください。

相手の話を聞きながらスマホをいじらない

スタッフの話を聞くときには、その話に集中することを心がけています。

たとえば、**スマホをいじったり、パソコンでメールを打ちながらスタッフの話を聞いたりしない**、ということです。相手が新人スタッフでも同じです。

こういった行動は、忙しいときに話しかけられると、つい悪気なくやってしまいがちですよね。しかし、「相手を大切にしている行為か？」と自分に問いかけてみれば、その答えは明らかでしょう。

自分がスタッフの立場になって考えても、何だか軽んじられているような気がします。ましてや、自分としては大事な相談をしているつもりなら、よけいに悲しくなると思います。

私の場合、もし手が離せないときであれば、「**ごめん、このメールを送るまでちょっと待っててね**」とか、「**悪いけど、この処理だけ終わらせるから2〜3分だけ待ってくれる?**」と話します。

もちろん、スタッフの様子を見て、至急話したほうがよさそうであれば、自分の手を完全に止めます。

ちなみに、これは家族や友人に対しても同じです。

今の時代は、夫婦や友だちと一緒にいても、お互いがスマホを見ながら話をしているような光景が当たり前になっています。

自分が一生懸命に話しているのに、相手は調子よく相槌を打つものの、実はSNSの返信コメントを書くことに気を取られているのがわかった――といった経験は、あなたにもあると思います。

スマホに関する行動は、半ば習慣になってしまっていて自分では気づきにくい上に、プライベートともなれば気を抜きがちです。

お互いに気をつけていきましょう。

少しでも個人的な内容を含む話は一対一でする

当たり前ですが、スタッフと話すときには、みんなの前で話したほうがよい場合と、個別に話したほうがよい場合を明確に分けています。

個別に話すときの基準は、ほめるにせよ叱るにせよ、話の中に個人的な話題が入ってきそうな場合です。

そのときは、話し声が聞こえてしまう事務所の中ではなく、**社用の私のクルマの後部座席を即席の面談室にしています。**

ドライブしながらではありませんよ。運転しながらでは危険だし、スマホをいじっているのと同じ「ながら聞き」になってしまうので、会社の駐車場に停めたままです。

比較的、空間の広いクルマとはいえ、座席に並んで座って話すのは、人によっては恥ずかしいかもしれませんが、事務所には会話の秘密を守れるような部屋がないので、今のところは仕方がないのです。

一方、誰か一人に話すことが全員のためになるような教育的な内容や組織の内容の場合は、敢えてみんなの前でズバッと言うようにしています。

スタッフに対する言動も、謙虚に、丁重に

スタッフに対するコミュニケーションでは、丁重な言動を心がけています。

たとえば、スタッフからの報告・連絡・相談などにはすぐに返信しようと思っているのですが、会議や打ち合わせと重なってできなかったときは、

「連絡が遅れてしまい申し訳ありません」

などと一言添えています。

この話を社外の人にすると、「**社長が自分の非を認めて、『ごめん』とか『悪いな』と返すだけでも意外**だし、スタッフはそれだけでもありがたく感じるものだ。荒木

さんのように丁寧に書くのは珍しい」といった反応が返ってきます。

そうしているのは、やはりリーダーは謙虚でなければいけないと思うからです。

叱るときは厳しく。その理由もきちんと話す

外科医の世界で使われる言葉で、「**鬼手仏心**《きしゅぶっしん》」という言葉があるそうです。

手術で患者さんの体にメスを入れる行為は鬼のように怖いけれど、内面では仏のようにその人の命や健康を思っているからこそできる――といった意味です。

私がスタッフに接するときも常に、これを心がけています。

正直、私はスタッフに対してかなり厳しく接したこともありますが、それも相手のためを思ってやってきたことです。**厳しくても、本気で伝えたときにはその人が変わる瞬間が必ずあります。**だから、私も時に「鬼」になっています。

その代わり、叱るとき以外には、一般的な社長と比べても優しいし、ほめるほうだと思います。業務と関係ない場面では仕事の話は持ち出しませんし、その点のメリハ

りは利いているのではないでしょうか。

もちろん、その人のことを真剣に思っているからといって、どんなに厳しく叱ってもいいわけではありません。相手が叱られた理由を理解していなければ、嫌な感情や反発心が残って、結果的に人間関係が悪化してしまいます。

何よりも、その人がパワハラだと感じている時点で成長は止まりますし、同じミスを繰り返すことでしょう。

だから私は、**叱る理由をしっかり伝えています。**

- □「**なぜ自分が怒っているか？**」
- □「**どうするべきだったのか？**」
- □「**なぜ、そうするべきなのか？**」

ただし、ここで終わってしまうと、対話後の印象が「社長に詰められただけ」になりかねませんし、スタッフが納得したとしても次の行動にはつながりにくい。そこで、話の中で相手が感じ取ったものを探りながら、次のことまで一緒に考えていきます。

- □**「何が課題なのか（足りないのか）？」**
- □**「これから何ができるのか？」**
- □**「今、この環境の中で何を学んでいくか？」**

心理学者の伊東明氏の著書『ほめる技術、しかる作法』（PHP新書）では、叱るときの判断基準をつくっておくことや、叱った相手にも考えてもらうようにすることと共に、三つの叱り方（怒り、冷静、優しい）を使い分けることなどが推奨されていました。

たとえば、叱るときの判断基準は人それぞれでしょうが、同書では、こんな例が挙げられています。

「あなたが部下をしかるとき、しかる目的はなんですか。どんなときに、なん

のために、しかっていますか」

私であれば、この質問には次のように答える。

「ビジネスにおいては明確な目標が設定されています。その目標を達成するために、部下の言動や行動を修正してもらうことが目的です」

あるいは技術部門で働いている人であれば、こんなふうに答える人もいるだろう。

「技術者として一定レベルに達するまでには、最低限身につけなくてはいけないスキルがあります。そのスキルを身につけさせるために、部下が間違った方向に進もうとしているときには、方向修正を図ることを目的にしかります」


また、伊東氏の言う三つの叱り方というのは、次のような感じです。

たとえば、遅刻した部下をしかるという場面で考えてみよう。

「こんな時間に来て、なにをやっているんだ、おまえは！」というのは怒りモード。

「なぜ遅刻をしたのか、ちゃんと理由を教えてくれるか？」というのは、冷静モード。

「どうしたの？　遅刻するなんて、なにかあったのか？」というのが優しいモードである。


私もやむを得ずスタッフを叱るときは、なぜ叱るのかという理由を明確にした上で、**スタッフに寄り添った叱り方をしています。**腹が立ったから叱るのではなく、あくまでスタッフの成長のために叱るからです。

伊東氏の文章を膝を打つような思いで読んで、私の叱り方に対して専門家からお墨付きをもらったような気がして嬉しかったのですが、これらを完全に実践できているかは、スタッフたちに聞いてみないとわかりません。

せめてスタッフたちへの本気の愛情が伝わっているといいのですが……。

悩んでいるスタッフがいたら自分から悩みを切り出す

私は自分の弱みや本音も敢えて見せてしまいます。

たとえば、会議などでも、「うちにとってこれが課題なんだ。正直、私にはできないんだけど、誰かできるかな?」と包み隠さず相談します。

特に、スタッフの誰かが仕事上での悩みを抱え込んでいるのを見つけると、敢えて私から先に「**自分はこれができない**」と言うようにしています。

「私ができないんだから誰かやれよ」という意図ではありませんよ。スタッフに対して、「**できなくて困っている。助けてほしい**」と素直に言える場をつくってあげるためです。

スタッフのことは誰よりも見ている。だから……

『嫌われた監督　落合博満は中日をどう変えたのか』（鈴木忠平著、文芸春秋）というノンフィクション作品があります。

その中で、落合監督は中日担当記者だった鈴木氏に、練習中のグラウンドでこう話しかけます。

「ここから毎日バッターを見ててみな。同じ場所から、同じ人間を見るんだ。それを毎日続けてはじめて、昨日と今日、そのバッターがどう違うのか、わかるはずだ。そうしたら、俺に話なんか訊かなくても記事が書けるじゃねえか」

これは、監督からコメントをもらわなくては記事が書けないと嘆く記者たちへの、落合監督からの貴重なメッセージでした。

私は、バッターを「スタッフ」に、記事を「アドバイス」と変換した上で、この言葉を「**人を育てるリーダーのための金言**」として受け取りました。

私も、一人ひとりのスタッフのことは、ものすごくよく見ています。幹部で共有している「気づきメモ」もそうですし、一般スタッフに関しては、表情や態度、仕事のプロセスなどについて、日頃からその変化を注視しています。

誰よりも見ているという想いがあるから、何かあれば本気で叱れます。誰よりも見ているからこそ、幹部スタッフの昇格や降格も、本人が納得した形でできていると思っています。

たとえば、あるスタッフが降格することになったときには、なぜそうなったのかをしっかり説明した上で1回降りてもらい、「**でもまた這い上がってこいよ**」と伝えます。

その後、すぐに這い上がってくる人もいるし、しばらくくすぶってしまう人もいますが、そのままというわけではなくて、「あなた次第だよ」ときちんとフォローします。

この失敗を良いチャンスと捉えて、足りないところがあれば補えばいいし、良いところはさらに伸ばして大きく成長してほしい——ということです。

答えは自分で考えられるようになってほしいので、具体的に「何をどうすればいいか」までは言いません。しかし、その後に、その人がどのように行動しているかは、しっかり見ています。

なお、スタッフが降格となった場合には、社長である私にも任命責任がありますので、自分の役員報酬を下げています。

これは自分へのけじめです。

特に発表することもないので、スタッフたちは知らないと思いますが……。

失敗したスタッフへのフォローは丁寧に

効率化の話とはちょっと違いますが、大きな失敗をしたスタッフに対してどう向き合っていくかという話にも触れておこうと思います。

「ヒューマンエラー」を起こしたとき、しばらくして私だけ復帰させていただけたことはすでに記しました。

取引先との話し合いの末、「荒木の監督の下であれば事故を起こした二人のスタッフを現場に連れてきてよい」ということになり、彼ら二人の意思を確認しました。

そのとき、一人はものすごく落ち込み、一人は辞めようと考えていましたが、私は、「**辞めてもいいけど、逃げるのは簡単だよ。ゼロからのスタートになるけれど、また一緒に来てくれないか?**」と言いました。

私自身、それまで常に逃げてきたという反省があり、失敗したスタッフをここで逃げさせたら彼らのためにならないと思ったからです。

縁あってこの会社に入ってくれた以上、できないことができるようになってほしいし、良い方向に変わってほしい。辞めるにしても、このタイミングで辞めさせたくない——と思いました。

結局、二人のスタッフのうち一人はその数年後に別の理由で退職することになりましたが、もう一人は今も頑張ってくれています。辞めたスタッフも、別の職場で元気にやっているようです。

「相手の心を動かす『行動ファースト』」の法則

挨拶の目的は自分の未来をつくるため

部下や家族などの身近な人に限らず、一般的なコミュニケーションにおいて私が心がけているのは、「**どうしたら相手が喜ぶか？　どうしたら相手の心が動くか？**」を判断軸に置くことです。

そこで大事なのは、「**ちょっとしたことでいいから自分から動く**」こと。

ちょっとしたことが相手の心を動かし、ちょっとしたことの積み重ねが人の心を大きく動かすのです。

たとえば、もっとも簡単な例では、挨拶でしょう。

最近の若い人たちの中には、「なぜ職場で挨拶しなければいけないのかわからない」といった声があるようです。

仮に本気で言っているとしたら、おそらく、**こちらから挨拶をすることで相手の心がちょっとでも動く**、という人間関係の機微がわかっていないのでしょう。日頃、自分が周りにどれだけ助けられているかがわかっていないのです。

挨拶したときに「いいな」と思った人には手紙を書く

私は、初対面で名刺交換をさせていただいたご挨拶の中で、「この人、お互いに素で話せて気持ちがいい」と思った方や、親身になっていろいろアドバイスなどをくださった方に手紙を書くことがあります。

特にコロナ禍以降の数年は、直接会う機会が減った時期がありましたので、その分のコミュニケーションを補う意味もありました。

最近は日常の連絡が、メールからLINEなどのアプリに変わってきていることもあり、**直筆の手紙はサプライズ的に喜んでいただけている**ようです。

（これは例外的な行為なので、私が手紙を書かなかったからといってご不快に思わぬようお願いいたします）

もともと私は子供の頃から、サプライズ的に相手を喜ばせることが好きでした。多少面倒な準備があっても、笑顔を見ると疲れが吹き飛ばされてしまうというか、かけた労力以上に報われる気がするからです。

たとえば、私の両親は共働きだったので、1000円渡されて「これで何かおかずをつくっておいて」と頼まれることがありました。そのときに、母に黙って自分のお小遣いからお金を出して、みんなが予想している以上の料理を人数分つくってびっくりさせていたのです。

小さなことですが、こうした経験によって、誰かに喜んでもらうことの嬉しさや、

自分から動くことでみんなが幸せな気持ちになることを学んでいたような気がします。

ちなみに、「サプライズは、相手の反応が悪かったときにバツが悪い」といって敬遠する人もいますが、私はそんなことは気になりません。相手を喜ばそうという自分の気持ちが真剣ならば、意外と失敗しないものですよ。

仮に失敗してもいいじゃないですか。悪いことではないのだし、「このやり方はダメだったな」という1つの学びになりますから。

「ありがとう」は自己カウントの何倍も言ってちょうどいい

ちょっとした行為の積み重ねといえば、「**ありがとう**」という感謝の言葉もそうでしょう。

この「ありがとう」も、ほめ言葉と並んで、自分ではたくさん言っているつもりでも、他人からの評価では「まったく足りない」ものの代表例です。

特に、家族については誰もが心当たりがあるのではないでしょうか？

「うちの旦那さん（奥さん）は、何かしてあげても『ありがとう』をあまり言ってくれない……」

配偶者のこんな本音を知って、ショックを受けた人を私は何人も知っています。

この点で学ぶ点が多いのは、京セラ創業者の稲盛和夫さんです。

『稲盛和夫　明日からすぐ役立つ15の言葉――一言、一言が効く！』（大田嘉仁著、三笠書房）にある証言です。

「ありがとう」という言葉は、稲盛さんの口ぐせのようなものでした。

今、思い返してみれば、日々の仕事を通じて、稲盛さんから一番多く聞いた言葉が「ありがとう」だったように思います。

実際、秘書の女性がお茶を持ってきてくれたり、社員がエレベーターの開閉ボタンを押してくれたりといった些細なことにも、稲盛さんは必ず相手の顔を見ながら、笑顔で「ありがとう」と感謝の気持ちを伝えていました。……（中略）……社員が大きなプロジェクトを成功のうちに終了したことを報告したようなときは、その社員に対して、手を合わせて合掌し、「ありがとう」とねぎらいの言葉をかけるのは日常茶飯のことでした。

これを読んで、私は稲盛さん以上に「ありがとう」を言えているだろうかと考え込んでしまいました。

感謝の言葉は、自分で思っている数の何倍も言ってちょうどいいのでしょう。

間違いに気づいたら自分から謝る

先ほど少しだけ触れましたが、私は自分が間違っていたと思えば、新人スタッフに対しても謝ります。

人の心を動かす！　行動ファースト

経営者という立場で話すと少し驚かれてしまいますが、でもそれは当たり前のことですよね。

たとえば、あるスタッフにスキルやマインドの部分で足りないところがあったとします。

普通はそこで、「もっとこうしろ、ああしろ」と叱りたくなりますが、「その人がそうなった原因は、そもそも自分のマネジメントが悪いからだ」と思ったら、まず謝ります。他人のせいにはしたくないので、「すまん。ごめんなさい」と。

日頃スタッフに対しては、**人として「やり方」の前に「在り方」の大切さ**などを常に言っているわけですから、自分が悪ければ経営者だろうが本気で謝ります。そこに恥ずかしさや抵抗感などはありません。

そこで謝らなくてもスタッフは何も言ってこないと思いますが、自分の行動は見られていると思うのです。スタッフにも、ご先祖さまにも。また、**謝るべきところで謝ることで、私自身も育てられている**気がするのです。

「会社が潰れない程度の失敗ならオールＯＫ」の法則

スタッフたちが、できなかったことをできるようになったら、その次は、リーダーの永遠のテーマである「**任せること**」が課題になります。

実際、経営者仲間と話していても、ご自分で起業されて、強いリーダーシップの下でみんなを引っ張ってきた方ほど、「自分がやらないと……」という不安から人に任せることが難しいのです。

私の中でも、そこが今後の発展のためのターニングポイントかなと思っています。

というのも、今、当社はホールディングス化を進めていて、傘下の事業を幹部たちにある程度任せていきながら私が全体を統括していく形をとっているからです。

建設業、製造業、教育福祉事業、メディア事業、
サッカー場などなど──私の描く未来のイメージです。
みなさんも鮮明に、解像度高く、
創りたい未来を描いてください。
そして、私と共に未来を創っていきましょう！

一人ひとりが活きる場所、輝ける場所をつくることが私のやりたかったことですから、今はその体制づくりに注力しているところなのです。

「やりなさい」とは言わない理由

ちなみに、スタッフに何かを任せる際には、**私から「やりなさい」とは言いません。**

たとえば、スタッフから相談されたら、

「いいんじゃない？　どうする？　やってみる？」

「やります」

「わかった。じゃあ、チャレンジしてみて」

といったやり取りをしています。

なぜなら、私が「やりなさい」と言った瞬間に部下の覚悟が緩むからです。

「社長がやれと言ったから……」と言い訳や他人事《ひとごと》感が生まれるのが困るのです。

また、すべての経営責任は私にあるので最終的には彼らのことを守りますが、同じ理由から最初にそれを伝えることもしません。壁にぶつかったり、必要以上に臆病になっているときに、「**何かあったら私が守ってやる**」と伝えます。

会社が潰れないくらいの失敗なら、してもらっていい

私は10代の低迷期から脱出するときと、24歳で独立したときに、周りの人から信じてもらえたので今のように人生が変わりました。

次は自分が誰かを支える番だと思いますから、チャンスと環境を与えてあげたいと思っています。

かつては「自分が引っ張らなければいけない！」という意識が強く、信じて任せることができていない時期もありました。しかし、特にセルフコーチングを始めてから、自分が本当にやりたかったことを思い出し、取り戻すことができました。

人脈もお金もない中で起業したときの私と一緒で、信じてくれる人が一人でもいれば、大変であっても彼らは成長できるかなと思っています。

ところで、こういう話になると、よくこんな質問も受けます。

「部下に任せて失敗したらどうしますか？」

正直、**会社が潰れないくらいの失敗なら、してもらって構わない**と思っています。

100年企業をつくっていく上では、その失敗が後に絶対に活きてくるはずですから。

自分に対しても、スタッフに対しても「**失敗（＝体験）ファースト**」の姿勢は変わりません。

第5章

チャレンジ×チェンジ＝未来創造

——停滞を突き破るために必要なこと

「変わらないことのほうがリスク」の法則

失敗や挫折を乗り越えるためには、目標と感謝と学び、そして仲間と協力できるリーダーシップが大事です。

これらの要素をまとめて表現するならば、「**チャレンジ×チェンジ**」ということになるでしょう。失敗することよりも何もしないこと（変わらないこと）のほうがリスクになるからです。

最後の章では、会社にとっても個人にとっても、成長する上でもっとも重要なキーワードである「**変わる**」ことについて考えていきたいと思います。

あなたは、３年前とどう変わっていますか？

去年よりも「できること」は増えていますか？

昨日よりも、今日のほうが成長しているでしょうか？

手持ち10万円からの再スタート

私が大きく変わるきっかけとなったのは、24歳で独立したときのことでした。

独立を決意したのは、どうしても必要なお金があったからです。当時、父が体調を崩していることを知り、自分が家族を守らなければという想いが強くなりました。まだ40代前半だった父は、家族に心配をかけまいと懸命に頑張っていました。

一方で、私には自分の家族もありました。生活を支えるために給料の良いトラックドライバーの仕事に就こうとしていたところ、以前勤めていた会社の上司（Aさん）から独立を勧められたのは、すでにお話しした通りです。

ビジネスの成功を確信していたわけではありません。ただ、大切な家族を守りたい一心で始めたのです。手元にあった資金は10万円にも満たない状況でしたが、車を売却し、妻の母に協力をお願いして資金を工面し、個人事業をスタートしました。1年目の売上は360万円ほどでした。

このときはただただ必死でしたが、数年経って振り返ったときに、「誰かのために本気になった人は変われるんだな」と思い、経営計画発表のときに話した記憶があります。

先に述べたように、永松茂久さんの「**目の前の人を大切にする**」という言葉も、身に染みますね。シンプルな言葉ですが、非常に大きな気づきをいただきました。

感謝を感じて変わる練習

数年前のことですが、1年間でスタッフ6人が辞めたことがあります。新たに5人が入社してくれたものの、十数人規模の会社でそうなったら、普通の社長ならかなり落ち込むと思います。事実、友人の経営者は5人いっぺんに退職したことで、立ち直るのに4年かかったと話していました。

しかし、私は4ヵ月くらいで立ち直ることができました。

その理由は、第1章でお話ししたように、**目標があり、高い視座があった**から。だから、起きた出来事を「経験」と捉えることができました。

加えて、感謝です。「**ここでクヨクヨしていたら、支えてくれた人たちに感謝を伝えることができなくなる**」という想いもありました。その人たちの顔が浮かんでくるのです。

このようなマインドになるためには、前述したセルフコーチングをしたり、ライフラインチャートをつくったり、メンターと対話したりするとよいと思いますが、今すぐ、**自分でできる「感謝を感じて変わる」ための練習法**をご紹介したいと思います。

あくまで自己流なので、参考程度に読んでください。

①「感謝」の意味を本当に理解する

感謝の「謝」とは、ごんべんに射ると書きます。これは、言葉を矢のように射て自分の思いを伝えることを表し、そこには、張り詰めていた心の中の弓の緊張が解ける——といった意味があるようです。

また、「ありがとう」はもともと「有り難い」、つまり、めったにないことを意味します。自分によくしてもらった行為は当たり前ではないということです。

身の回りの「当たり前」だと思っていたことを疑い、その存在に感謝してみてください。

たとえば、いつも電車やバスに乗って仕事に通っている人は、毎日、電車やバスに乗れるのは当たり前なのでしょうか。日本でも、100年前だったらどれだけお金を積んでも無理だったかもしれないし、世界には満足にインフラが整っていない国や地域がまだまだたくさんあります。

蛇口をひねれば水が出るのも、決して当たり前じゃないのです。誰かが、そのシステムを考えて、実現化するために努力してくれたから、私たちは当たり前のようにそれを利用できます。休みの日に一緒に飲みに行ってくれる友達、仕事を手伝ってくれる同僚、どれも当たり前なんてありません。でも、普段はそのことをすっかり忘れているのです。

②自分が経験した「心温まる瞬間」をリアルにイメージしてみる

今まで自分の人生で経験した「心温まる瞬間」を思い出して、その体験をリアルにイメージしてみてください。

□ **自分はどんなことに感動するのか？**
□ **どんなことに嬉しくなるのか？**

そう言われても、すぐには思い出せないかもしれませんね。そんなときは、寝る前に今日一日を振り返ってみてください。嫌なこともあったかもしれませんが、嫌なことだけしかない一日なんて絶対にないはずです。

お昼ごはんが美味しかったということでもいいですし、買い物をしたお店の店員さんが「ありがとうございました」と言ってくれたときの笑顔がいい感じだったということでもいいのです。親しい同僚とたわいない冗談で盛り上がった瞬間もあったかもしれません。

それができるようになったら、今度はここ1週間のうちに、何があったか思い出してください。人気の映画を見て泣くほど感動したかもしれませんし、難しい仕事をやり遂げた喜びや、それをほめてくれた上司や同僚の顔が思い浮かんで、ニンマリするかもしれません。

そうして、1カ月、1年、今までの人生と、どんどん振り返ってみれば、**あなたの人生は、案外、温かい毛布にくるまれたような感動の連続だった**のではないでしょうか。

そういったことを折に触れて思うようにすると、行動も自然に変わっていきます。

また、その気持ちやシチュエーションを象徴するアイコン（ものや出来事）をいつも目につく場所に置いておくのも1つの方法だと思います。たとえば、大好きな人の写真とか、ご家族の形見とか、誰かからもらった手紙やプレゼントなどです。それらがトリガーとなって、感謝を思い出させてくれます。

「自己満足が最大の敵」の法則

私はスタッフの様子を見ていて、違和感を持つことがあります。

仕事ではなく「作業」をしているなと感じるときがそうです。

主体性がなく「やらされている感」が出ているときには、たいてい彼らは迷っています。「この先どうなりたいのか？　何をしたいのか？」といった目標が曖昧《あいまい》になっているのです。

そんなときには、スタッフに声をかけ、面談をします。

「**今、自分の将来について、どんなふうな感じを持ってる？**」などとディスカッションをして、ロードマップをつくらせ、未来を確認してもらいます。

私が彼らに言うのは、「私は環境はつくるけれど、やるかやらないか、自分の人生をより良くするかしないかは君たち次第だよ」ということ。

それ以上、あれこれとは言いません。

ただし、本気でないときは別です。

たとえば、自分だけで自己満足するような仕事をしているときです。仕事の内容によっては、人に頼らず自分だけで何とかなることもあるでしょうが、多くの場合、自己完結するような仕事のやり方だとレベルの高いパフォーマンスは発揮できません。

だから、スタッフが人を巻き込む努力をしていないときには遠慮なく言います。

自分だけで何とかしようとしているうちは、成長速度が遅いからです。

だから「**巻き込め**」と。

人に助けを求めるのは恥ずかしいことではありません。わからないのも恥ずかしくないのです。

ある程度考えても答えが出なければ、「今、自分はこう考えているけれど、どう思いますか。何かアイデアはありますか？」といったように尋ねて、お互いに助け合えばいいのです。

とはいえ、「わからない」「助けてほしい」と言い出せない人もいますよね。上司や先輩が怖かったり、自分に中途半端なプライドがあったりすると、悩みや疑問を自分の中にため込みがちです。

そういう人は、こう考えてみてください。

失敗を怖がったり、周りの目を気にしたりするのは、**意識の矢印が「目的」ではなく、「自分」に向いてしまっている**のです。大事なことを解決できないことよりも、自分が恥をかいたり、叱られたりするのを嫌がっているのです。

でも、大事な目的を達成するためなら、そんなプライドは要らないはず。

前述した松下幸之助さんのように、雨が降ってきたから傘をさすと思えばいい。大事な荷物を持っていて濡れたらまずい状況なら、子供が使うようなアニメ柄の傘でも躊躇なく使うはずです。

実際、私の知人は、絶対に遅れてはいけない商談に遅れそうになったので、目の前にあった自分の子供の自転車（小学校低学年用）を借りて、最寄りの駅まで向かったそうです。運動が苦手だった彼は、長距離を走るよりも子供用の自転車のほうが速いと判断したからです。

駅へ向かう途中に、すれ違う人に苦笑いされましたが、なりふり構わずペダルを漕いだそうです。

ヘンなプライドや自我よりも自分の未来のほうがよほど大切だ――。

問題を解決するのに躊躇しそうになったら、この話を思い出してください。

「『仮面』は無理に被らなくてもいい」の法則

この本をお読みのみなさんは、今の自分に満足していない方だと思います。

自分は変われるのか、一生今のままではないのか。不安に思うときもあるでしょう。

ご安心ください。**人は変われます。**

私がサッカー部のキャプテンをしていた時代を知っている友人たちは、その後の「自己中心」でやさぐれた生活をしていた私を見て、「あれだけ生き生きとメンバーを束ねていた人間が、どうなってるの?」と嘆いていました。

一方、起業した後には、昔を知っている友人が本当に驚いていました。

中でも、私のあまりの変わりように衝撃を受けたのか、18歳のときに入った会社の同期が、「ここに入れば自分も変われる」と当社に入社してくれたほどです。

その後も、経営を軌道に乗せなければいけないプレッシャーから、「ヘンなプライド」や「自我」に囚われていた時期もあり、いつもピリピリしていましたが、あるときから手放そうと決めたので、それも今はありません。

穏やかになったな、と自分でも思います。

このように、**人は良くも悪くも、変わるのです。**

「人は簡単には変わらないよ」と言う人がいたら、その人は、一人の人間が本気になったときのパワーを知らないのだと思います。

社長の仮面を脱いだら楽になった

先日も、スタッフが私の変わりようにびっくりしたという一件がありました。

幹部会で号泣してしまったのです。

その日は、幹部たちが「なぜ自分は働くのか？　なぜうちで働いているのか？」ということを一人ずつスピーチしていったのですが、彼らの言葉を聞いていたら、目頭が熱くなってどうにもならなくなりました。

この会社を自分一人で始めたときには、まさか会社のことをここまで思ってくれる人たちに囲まれるとは想像できなかったからです。

「私が今あるのは、やっぱり君たちのおかげです」

私はその場で伝えましたが、以前なら、そんなことはとても言えませんでした。

社長の仮面を被っていたからです。

「私がリーダーとして引っ張らないといけない」とか、「強い姿を見せなければいけない」「素の感情をあからさまに見せてはいけない」などと自分で思い込んでいました。

しかし、そのスタイルは、私には苦しかったのです。**もともと私は、本音で人とぶつかりたいタイプです。**社長という役割に徹しようとするあまり、本音を押し殺して、理想的な社長を演じようとしていました。

だんだんと「社長という仮面」に違和感を覚えるようになり、部下とのコミュニケーションがうまくいっていないことに気づいたのです。

あるとき、社長の仮面を脱いで素の自分に戻り、弱みも強みもさらけだし、本音で語るスタイルに戻しました。「**これが本来の自分、荒木俊なんだ**」と開き直ってからは、とても楽になりました。

幹部たちに「これからはこれでいくよ」と宣言したら、幹部の一人が「そっちのほうがいいです」と言ってくれたのも心強かった。このスタイルで、「**仲間集めをしていこう**」「**一人ひとりが主人公の会社を一緒につくっていこう**」と覚悟が固まった瞬間でした。

全スタッフが着実に成長している

当社では、幹部スタッフだけでなく、すべてのスタッフが日々成長を遂げています。その中でも、幹部スタッフの成長は、特に目を見張るものがあります。

たとえば先日、ある幹部スタッフがこんなことを言っていました。

「荒木さんは、僕たちの2歩も3歩も先を行っている。常に行動が早いので、自分たちは距離を感じるときもある。その中で唯一ギリギリでついていけているのは自分だと思う。

だから、スタッフたちをまとめる役割を任せてほしい。**階段でいえば、自分が踊り場をつくって、みんなの足並みを揃えることをしていく。**自分がかみ砕いて伝える通訳をするから、荒木さんはガンガン先に行ってくれていい。

そのためにも、自分は人にものを伝える能力を身に付けていかなければいけないと思っている」

その想いを聞いて、ありがたいと思いました。そのスタッフはもともと論理的思考が得意なタイプなのですが、その彼が成長して、みんなの感情も受け止める能力も身に付けたら、もっとすごい存在になれます。

彼だけではありません。既存のメンバーが主軸として育ち、できることをどんどん増やしていています。

事業領域も増えていますし、グループ会社もどんどんつくっていきます。それらの経営やマネジメントを、まだ20歳のスタッフも含めて彼らが担当していくのです。以前の彼らを知っている人たちが今の彼らを見たら、驚くことでしょう。

結局のところ、人は「なりたい自分」になっていくわけで、**目標を持った人間が本気で「こうなりたい」と思ったら変われる**のです。

自分たちが変われば地域も変わる

創業当時のことですが、深い学びになった印象深いエピソードがあります。

当社は30平米くらいの小さな事務所からスタートしました。心機一転張り切っていたところ、周辺の住民の方々の目が冷たいことに気づきました。

不思議に思ってその理由を聞いてみると、前にその部屋を借りていた別の会社の人が、事業で出た「臭いの強い水」を周辺の道路や駐車場に蒔いて捨てていたようなのです。なぜ、その会社の人たちがそんなことをしていたのか、その水が一体何なのか詳しくはわかりませんが、近所の人たちは「生臭くて、ものすごく迷惑していた」と。同じ部屋に移転してきた私たちまで、まるでその仲間であるかのように思われていたのです。

正直、とばっちりです。自分たちは何も悪くありません。

そのときに、近所の方々の冷淡な対応に困惑するスタッフに私が話したのは、こういうことでした。

「勘違いで悪い印象を持たれているのかもしれないけれど、それを変えられるのも我々だけ。我々の行動だけだよ。だから、自分たちから挨拶に回るぞ」

普通、挨拶回りといってもお隣りさんくらいでしょう。でも、私たちはタオルを持って近所全部を訪ねました。

「**我々はこういうことをしている会社です。よろしくお願いします**」

そう伝えても対応は冷たかったのですが、その後も挨拶回りを継続し、近所の方と道ですれ違ったときには一旦立ち止まり、相手の目を見て挨拶しました。

また、あわせて**近隣のゴミ拾いを続けていた**ところ、徐々にみなさんの態度が柔らかくなっていきました。後に、目の前の土地に新築の事務所と倉庫などを広げていったときには、地域の人の多くが応援してくれましたから。

自分たちが変われば、周囲の人々も変わっていくのです。

そのときのメンバーもまだ会社にいて、小さなことの積み重ねの大切さがわかっていますから、彼の挨拶はすごいですよ。

会社の変化は数字でしか測りにくいところがありますが、このように幹部の彼をはじめ、スタッフたちの成長を見ていると、やはり大事なのは心であり、人だと思います。

当社は、できないことをできることに変え続け、常に進化・成長していく会社でありたいし、人の心を照らしていきたい。そして、これからは、**私を含めて成長したスタッフみんなで世の中の人の心を照らしていきたい**と思っています。

「逃げると、鬼はいつまでも追いかけてくる」の法則

以前、誰かからこの話を聞いて自分のことのように共感してしまったのですが、あなたにも、こんな経験はありませんか？

夢の中でゴジラみたいな怪獣や、恐ろしい妖怪やおばけに追いかけられる……。そして、逃げても逃げても、自分の逃げた方向に敵が追いかけてくるのです。

心理学的に正しい分析はともかくとして、自分の感覚では、こうした夢を見るときは、強いストレスがあり、しかもその悩まされている問題が未解決のことが多い印象があります。

単なる思い込みかもしれませんが、どこまで逃げても追ってくるのはそういうこと

なのかな、と思うわけです。

でも、これは夢だけではなく現実の世界でもよくあることですよね。

仕事においても、人生においても、いつも同じ問題に悩まされることがあります。

未解決の問題が残っていると、その原因に蓋《ふた》をしたり、そこから逃げたりするだけでは、いつまでもその問題に悩まされます。

たとえば、こんな話を身の回りで見聞きしたことがあると思います。

□会社の上司がとても性格の悪い人だったので転職したら、新しい会社にも同じような上司がいて絶望した。
□どの職場に移っても、なぜか少し年上の同性の先輩からいじわるをされる。
□営業成績が悪くて会社に居づらくなったので、別の商品を売る会社に転職したけれど、やっぱり売れなくて困っている。
□誰かと友人（恋人）になっても、しばらく経つと必ずケンカになって別れてしまう。

実際に相手に問題がある場合もありますし、ただ環境を変えるだけでいろいろなことがうまくいくこともあります。

だから、一律に論じてはいけないのでしょうが、やはり自分自身にも問題があり、その原因となることが解決していないために、新しい環境に移っても相変わらず苦労するケースが多いような気がします。


その典型的なものが「**他責思考**」です。

うまくいかない原因を、他人やモノや環境のせいにする思考のことです。

「他責思考」がうまくいかない原因となる理由の1つは、**自分でコントロールできないことに意識とエネルギーを注いでいる**からです。

先ほどの例で言えば、上司の性格が悪かったとしても直すことはできないし、すべての先輩の行動を自分が変えるのは難しそうです。友人や恋人も同じことですね。

また、営業成績が悪いのが商品のせいだとしても自分ではどうにもできませんし、同じ商品をたくさん売っている同僚もいるはずです。

同じような悩みのある方は、たとえば、こんなふうに考えてみてください。

1 自己肯定感を必要以上に下げてしまうことに注意しながら、一旦は「すべて自分に原因があるとしたら……？」というところから考えてみる。

2 自分はどうなりたいのか？　を紙に書き出す。

3 そうなるために、自分でコントロールできないものと、自分の意思で変えられるものを分ける。紙に書きだす。

4 複数のメンターに相談する。

5 メンターのアドバイスをもらいながら、現在の環境で努力できることがあるかを考え、自分が変えることに意識とエネルギーを注ぐ。

6 期間を決め、それまでにやれることをやってダメなら、環境を変える。

もちろん、状況は人によって違います。一刻も早く環境を変えたほうがいい場合もありますから、この通りにする必要はありません。あくまでも、考え方の1つとして参考にしていただければと思います。

ちなみに私の場合は、理想のリーダー像（仮面）を捨てて、自分らしく、本来の熱いキャラクターでマネジメントするようにしたら、うまくいくようになりました。

あとがき

先日、所用で東京に行った際に、連れて行ったスタッフ一人と麻布のホテルの周りをジョギングしました。

12年前に創業したときには、まさかここに仕事で来て、若手と一緒に走るなんて考えたこともありませんでした。そのスタッフは息子の3つ年上ですから、親子のようなものです。きれいな夕日の中を力強く走る彼の姿を見ていたら、その成長ぶりに感慨が増す思いでした。

ただ、私はスタッフを息子や娘とは思っていません。

「若いスタッフさんは自分の子供みたいで可愛いでしょう?」

そう言われることもありますが、違うのです。私は、彼らを対等な仲間だと思っていますから、お互いに切磋琢磨して成長していきたいのです。

そのためには、まず私が自分を磨かなくてはいけません。**自分を磨けば磨くほど、周りにいるスタッフたちも輝くと思う**からです。スタッフたちも自分を磨いています。特に幹部たちの成長は著しく、私を追い越していく日もそう遠くはないでしょう。
また数十年後、私たちの会社が社会からより求められ、彼らと孫の世代にあたるスタッフが楽しそうに活躍する姿を後ろから見守りたい。そして、彼らが人を照らす存在となり、身近な人や周囲の人たちから「**ああ、この人がいてよかった。ありがとう**」と言われるようになってほしい――。私はそう願っています。

ここまでお読みいただき、ありがとうございました。

目標を持って生きること
感謝を忘れないこと
学び続けること
変わり続けること
そして、人を大切にすること――。
一言で言えば、私がお伝えしたいのは、これだけです。
これを良いご縁として、一緒に明るい未来をつくっていきましょう。

【主な参考記事】

（書籍の紹介は本文に譲り、ここでは参考にさせていただいたサイトや、WEB関係記事のリンク先を記しておきます）

・京都大学　https://www.kyoto-u.ac.jp/ja/research-news/2023-03-13

・松陰神社　https://showin-jinja.or.jp/about/goroku/

・厚生労働省（ライフラインチャート雛型）
https://jsite.mhlw.go.jp/osaka-hellowork/content/contents/001283282.pdf

・厚生労働省（就活キャリアアップ講座）
https://jsite.mhlw.go.jp/osaka-hellowork/content/contents/001283282.pdf

・特定非営利活動法人 日本コーチ協会　https://coach.or.jp/news/223/

・東京医療保健大学（秋山美紀氏コラム）
https://www.thcu.ac.jp/research/column/detail.html?id=112

・国立研究開発法人　情報通信研究機構　https://www.nict.go.jp/press/2021/05/13-1.html

・グロービス経営大学院大学 紀要
https://www.jstage.jst.go.jp/article/globis/2/0/2_14/_pdf/-char/ja

・Forbes JAPAN　https://forbesjapan.com/articles/detail/31890

・マイナビキャリアリサーチLab
https://career-research.mynavi.jp/column/20220302_23138/

謝辞

本書が完成するまでには、本当にたくさんの方々の支えがありました。ここに、心からの感謝を伝えたいと思います。

まず、アスコムの皆さまへ。本書の企画段階から完成に至るまで、親身に寄り添い、力強いサポートをしていただきました。皆さまのご協力がなければ、この本は形になりませんでした。本当にありがとうございました。

そして、私の家族へ。どんな時も私を支え、温かい愛情で包み込んでくれたみんなに感謝しています。妻と子供たちへ、いつも応援してくれてありがとう。君たちの笑顔と存在が、私にとって最大の力です。また、親戚の皆さまには、人とのつながりや思いやりの大切さを教えていただきました。その教えは、今の私を支える根っこになっています。

友人たちへも感謝の気持ちを伝えたいです。楽しい時も、辛い時も、一緒に悩み、励まし合いながら歩んできました。みんなと過ごした時間が、私にとってどれほど心強かったか、言葉では表しきれません。

中学時代の恩師には、リーダーシップや人をまとめる力の大切さを教えていただきました。その教えが、今でも私の土台となっています。

社会人になってから出会った恩師の皆さまにも、感謝しています。いつも私のことを気にかけ、背中を押してくださったこと、困難な時にも支えてくださったことに、心から感謝しています。皆さまからいただいた言葉や励ましは、私の自信につながり、新たな挑戦を後押ししてくれました。本当にありがとうございました。

また、未来を一緒に築こうと力を貸してくださっているステークホルダーの皆さまへ。共に進む仲間としての存在に、深い感謝の気持ちを抱いています。皆さまのおかげで、私たちは一歩ずつ確実に前進することができています。

そして最後に、今一緒に働いている仲間たち、そして過去に共に挑戦してきた仲間たちへ。みんなのおかげで、私はこれまで成長を続けてくることができました。君たちがいてくれたからこそ、今の私があります。本当にありがとう。

本書は、多くの方々の支えがあって完成しました。この場を借りて、改めてすべての方々に感謝を申し上げます。